U0866364

# 危机与未来

## 美国工会组织的发展

## UNIONS IN AMERICA

〔美〕格里·蔡森（Gary Chaison）著
刘宝坤 译

中国工人出版社

**图书在版编目（CIP）数据**

危机与未来：美国工会组织的发展 /（美）格里·蔡森著；刘宝坤译 .—
北京：中国工人出版社，2022.8
书名原文：Unions in America
ISBN 978-7-5008-7786-8

Ⅰ . ①危…　Ⅱ . ①格… ②刘…　Ⅲ . ①工会工作 – 组织工作 – 研究 – 美国 – 现代
Ⅳ . ① D417.12

中国版本图书馆 CIP 数据核字（2022）第 130546 号

**著作权合同登记号：图字01-2021-3449**

*Unions in America* by Gary N. Chaison was first published by SAGE Publications, Inc.
Copyright© 2006 by SAGE Publications, Inc.
All rights reserved. No part of this book may be reproduced or utilized in any form or by any means, electronic or mechanical, including photocopying, recording, or by any information storage and retrieval system, without permission in writing from SAGE Publications, Inc.

**危机与未来：美国工会组织的发展**

出 版 人　董　宽
责任编辑　黄冰凌
责任校对　张　彦
责任印制　栾征宇
出版发行　中国工人出版社
地　　址　北京市东城区鼓楼外大街45号　邮编：100120
网　　址　http://www.wp-china.com
电　　话　（010）62005043（总编室）
　　　　　（010）62005039（印制管理中心）
　　　　　（010）62382916（工会与劳动关系分社）
发行热线　（010）82029051　62383056
经　　销　各地书店
印　　刷　三河市万龙印装有限公司
开　　本　880毫米 × 1230毫米　1/32
印　　张　9.375
字　　数　180千字
版　　次　2022年9月第1版　2022年9月第1次印刷
定　　价　68.00元

本书如有破损、缺页、装订错误，请与本社印制管理中心联系更换
版权所有　侵权必究

# 出版说明

《危机与未来：美国工会组织的发展》的作者是美国马萨诸塞州克拉克大学劳动关系教授格里·蔡森（Gary Chaison）。蔡森教授是美国知名的劳动关系专家，对工会组织结构、治理与发展、集体谈判以及国际劳动关系有深入的研究，曾作为值得关注的劳动关系教育家和研究者被列入马奎斯世界名人录。蔡森教授围绕信息技术对工会的影响、工会复兴前景、工会合并的行为维度等问题开展研究，发表众多专业论文。蔡森教授是美国国家公共电台（NPR）的常客，经常在《纽约时报》和《华盛顿邮报》等顶级新闻媒体上对劳工问题发表看法，有着非凡的媒体影响力。

美国工会历史悠久，本书以简洁明快的语言介绍了美国工会的源起、发展，以及当前遭遇的困境，预测了美国工会未来发展的各种可能性，清晰地解答了美国工会“从哪里来、如今在哪里、未来将去向何方”等问题。在这本引人入胜的书中，作者将美国工会描绘为复杂的自治组织，正在努力恢复其失去的会员数量、谈判能力和政治影响力。本书一共有七章。第一章介绍了美国工会的早期情况以及后续演化，主线是美国工会会员范围的扩大以及雇主在不情不愿之中被迫接受工会。第二章描述了美国工会的结构与发展，分析了工会发展与衰落背后的原因。第三章是关于美国工会的治理与管理，包括工会结构、工会自治、工会民主与腐败之间的联系。第四章围绕作为谈判代理人的美国工会，讨论了集体谈判这一最基本的工会活动，揭示了妥协性谈判的回归和罢工的衰落。第五章探讨了美国工会的政治活动，说明了美国劳工运动与美国政治的密切关系。第六章对当前有关美国工会复兴的各种方案进行了考察，分析其是否符合实际，是否为时已晚。第七章预测了美国工会未来发展的三种可能性：衰退、复苏与革新。

相信本书的出版可以进一步加深我们对美国工会发展历史的了解，丰富国内工会研究的资源库，帮助读者更好地了解外国工会的情况。译文如有不妥之处，欢迎读者批评指正。

# 序　言

对于工会，每个人都可以谈论一二。人们对工会的实力大小、工会官员的善恶以及工会对我们经济社会的影响等问题都有不同的看法。一些人认为工会实力太过强大，而另一些人则担心工会已经变得过于弱小，以致无法与规模庞大的跨国企业相抗衡。一些人认为工会是一种过时的组织形式，在现代工业化国家中毫无用武之地，另一些人则认为工人只有通过组建工会才能与他们的雇主平等地互动。有人说，工会官员贪污腐败，工会内部缺乏民主。但也有人说，工会官员比那些商业领袖要正直得多，工会的运作也比企业更加民主。[1]

我们周围充斥着与工会有关的讨论，但我们的所见所闻常常来源于那些错误的信息、未经证实的概括以及关于工会能做什么、应做什么的一些浪漫想法。本书的目的是简洁、中立、与时俱进地描述美国工会的面貌，从而提高当前有关工会问题的讨论的层次。

因为美国的工会组织是如此复杂多样，所以对美国工会进行描述并不容易。本质上，所有的工会都是由工人为了与其所在企业协商就业条款和条件而组建或者加入的组织。然而，并不存在所谓标准的工会。一些工会局限于当地，只代表单个工厂中百余名工人，而另一些工会则规模巨大，代表数百个企业下属的几千个工厂的百万工人。而且，那些在名称中使用“全国”（national）或者“国际”（international）等修饰词的工会，规模千差万别，既包括仅有9名会员的普通工人国际兄弟会（the International Brotherhood of General Workers），也包括拥有250万会员的全国教育协会（the National Education Association）。[2]

工会的内部结构也有很大的差别。拥有500名会员的大西洋独立工会（the Atlantic Independent Union）只有3个地方分支机构，而拥有130万会员的美国州、县、市雇员联合会（the American Federation of State，County and Municipal Worker）则有3500个地方分会。全国教育协会有1.3万个地方分会。美国作家协会（the Writers Guild）没有任何地方分会，相反，该协会分成了东部作家协会（the Writers Guild-East）与西部作家协会（the Writers Guild-West）两个不同的组织。[3]

有的工会如零售、住宿以及医疗行业的工会，其会员的收入水平仅略高于最低工资标准。也有的工会如专业运动员工会的会员收入比一些百万富翁还要高。

大多数工会都有多样化的会员类型。例如，美国通信工人工会（the Communications Workers of America）的会员中包括社会工作者和监狱看守，全美汽车工人联合会（the United Auto Workers）的会员中包括专业作家和流水线工人。[4] 所有的大型工会，无论他们如何称呼自己，都代表了部分服务业和政府的雇员。国际卡车司机兄弟会（the International Brotherhood of Teamsters）保留了组织所有行业的所有工人入会的权利。[5] 但也有许多工会将会员限定于特定的职业。例如，只有乘务员可以加入美国乘务员协会（the Association of Flight Attendants），只有演员可以加入演员平等公会（Actor's Equity），只有消防员可以加入国际消防员协会（International Association of Fire Fighters），只有蹄铁匠可以加入国际蹄铁匠联盟（the International Horseshoers Union）。

一些工会类似于劳工联盟，这些工会的地区和地方组织实行自治，但另一些工会则高度集权，要求重要的决策必须由全国总部做出。对于每一个因其会员参与度高、政治体系充满活力而被赞扬民主运作的工会，都有一个与之相对的如封闭家族企业一样运作的臭名昭著的工会。

工会还必须处理一些严重的矛盾。例如，工会官员总是说工会组建是工会工作的重中之重，但他们却很少向组建活动投入充足的财务资源。[6] 工会因其与雇主的敌对关系而自豪，但他们也明白工会的生存以及工会会员的生活都与企业的财务状况息息相关。

尽管工会的复杂程度让人望而却步，但我们仍然需要全面而清楚地了解工会。工会并不是那种默默无闻、毫不重要的组织，工会的所作所为能够对我们所有人造成影响。例如，我们可以回顾一下2002年国际码头及仓储工会（the International Longshore and Warehouse Union）与雇主组织，在美国西海岸爆发的劳资纠纷。在谈判期间，雇主不许工人进厂，积压的货物使美国经济每天损失近10亿美元。如果不是总统行使紧急争议立法权迫使复工（并最终解决这一纠纷）的话，美国可能会深陷长期衰退的泥潭。[7]同样是在2002年，通过激烈的谈判，我们在最后一分钟才避免了纽约市的地铁大罢工。一场罢工毫无疑问地将会使纽约市陷入瘫痪并拖累全国经济。[8]

我们应当了解工会，还因为工会追求那些我们珍视的价值。通过集体谈判和政治活动，工会努力减少贫困现象，消除歧视，增强劳动安全保护，在企业运营过程中为工人利益代言，并缓和国外竞争对于工人工资和就业保障的影响。如果我们了解了工会的运作方式，我们将会明白他们是怎样确定和追求那些对我们有重要意义的首要工作，以及他们成功或失败的原因。

最后，毫不夸张地说，工会正处于历史的关键节点。持续了四分之一个世纪的严重会员流失以及经济衰退与政治影响力下降迫使工会重新考虑自己的工作。关于是否应该向组建活动和政治活动投入更多的资源，是否应该大规模吸收兼职工人、临时工或自雇工加入工会，以及是否应当与社区组织建立联盟以加强工会的谈判和组建工作等问题，工会内部进行了激烈的讨论。[9]只有那些明白工会是一种组织的人，才会认识到这些讨论对于塑造工会主义未来面貌的重要性。

本书分为七章，对工会进行了广泛的描述。第一章描写了工会的演化过程，包括工会的早期情况、重要的工会联盟、雇主与政府对工会的抵制，以及劳动法系的法律框架。主题是工会会员范围的扩大以及雇主极不情愿在工厂和谈判中接受工会。第二章描述了工会的组织结构与发展，讨论了工会的类型、工会之间的关系、工会的组织结构，以及工会发展与衰落的原因。第三章是工会治理与管理，包括了工会结构、工会自治、工会民主与腐败之间的联系。第四章考察了最基本的工会活动——集体谈判。第五章讨论了工会政治活动，重点描写了工会对候选人的支持以及对会员的动员，还有近期发生的一些工会或成或败的政治运动。第六章考察了近期工会复兴相关方案的共同特征，询问这些意在扭转工会衰退趋势的计划是否实事求是，或是过于简单、为时已晚。在最后一章，我提出了衰退、复苏与革新三种可能的设想，借以预测工会的未来发展。总之，以上七章以提问工会从哪里来、如今在哪里、未来将去向何方的方式，为大家描述了美国工会的概况。

## 参考文献

1. 有关工会和工会官员的公众舆论的简要回顾，参见 Chaison, G., and Bigelow, B. (2002). *Unions and legitimacy*. Ithaca, NY: ILR Press, pp. 15-17。

2. Gifford, C. (2002). *Directory of U.S. labor organizations*, 2002. Washington, DC: Bureau of National Affairs.

3. Gifford (2002).

4. Smallwood, S. (2003, January 17). United academic workers. *Chronicle of Higher Education*, pp. A8-A10.

5. 有关工会成员的多样性以及工会在传统管辖范围之外组建实践的回顾，参见 Chaison, G. N. (1987). *The recent expansion of union organizing*

*jurisdictions*. Working Paper no. 87 - 102, Graduate School of Management, Clark University, Worcester, MA; Chaison, G. N., and Dhavale, D. G. (1990). The changing scope of union organizing. *Journal of Labor Research*, 11, pp. 307-320。

6. Chaison and Dhavale (1990).

7. Sanger, D., and Greenfield, S. (2002, October 9). President invokes Taft Hartley Act to open 29 ports. *New York Times*, pp. A1, A14; Sappenfield, M., and Scherer, R. (2002). *West Coast dock strike cost $1 billion a day*. http: www. csmonitor . com/2002/1001/s03/p01.

8. Mahler, J. (2002, December 13). The ghost of walkouts past. *New York Times*, p. A32; McFadden, R. (2002, December 9). Amid holiday glow, the real chill in the air is the fear of a transit strike. *New York Times*, p. A25.

9. Turner, L., Katz, H., and Hurd, R. (Eds.). (2001). *Rekindling the labor movement: Labor's quest for relevance in the twenty-first century*. Ithaca, NY: ILR Press; Century Foundation Task Force on the Future of Unions. (2000). *What's next for organized labor?* New York: Century Foundation Press.

# 作　者

格里·蔡森（Gary Chaison）是美国马萨诸塞州伍斯特市克拉克大学管理研究生院劳资关系方向的教授。他曾任教于加拿大新不伦瑞克省弗雷德里克顿市的新不伦瑞克大学，后到克拉克大学就职。蔡森教授在纽约州立大学水牛城分校取得了劳资关系博士学位。研究方向是工会组织结构、治理与发展、集体谈判以及国际劳动关系。蔡森教授在美国与加拿大工会发展的决定因素、美国与其他几个国家工会合并的原因及影响等方面著作颇丰。他与他人合著了《工会与合法性》（2002），出版了专著《困难时期的工会合并：来自五个国家的视角》（1996）和《工会合并之时》（1986），还在劳资关系刊物上发表了大量论文。最近，他正就信息技术对工会的影响、工会复兴的前景、工会合并的行为维度等问题开展研究。此外，他还向研究生和本科生讲授人力资源管理、劳资关系、国际劳动关系、就业歧视、当代职场以及集体谈判等方面的课程。

# 目　录

# 第一章

# 工会的演化

这一章主要探讨工会的演化问题，并为后文关于工会结构、工会管理和活动的讨论奠定基础。很明显，本文不是对工会或者劳资关系历史的全面回顾，而是对塑造工会在经济社会中角色的那些力量的重点关注，尤其关注工会运动中有关合理的工会职责与结构、雇主对工会主义的接受与抵制的讨论。[1]

## 早期情况

在19世纪以前，只有少数工人组织起来，他们一般加入本行业的行会组织，以限制彼此之间的竞争并执行相关的工作标准。也有一些工人组建了工会，但这些组织通常只是工人在雇主尝试降薪或者减少工作技能时，所做出的应激反应，倏忽即逝。1782年，费城成立了一个鞋匠工会，但它只存在了不到一年的时间。1794年，另一个费城鞋匠工会——皮匠联盟协会（Federal Society of Journeyman Cordwainers）成立了，它与雇主进行谈判，并一直存续到1806年。1796年，纽约市的家具木工组织了一个工会。1799年，纽约的印刷工人也组建了工会，并开展了有关工资和工作规则的谈判。

大多数的早期工会都无法抵挡来自雇主的攻击。雇主们声称，工会组织属于非法共谋（illegal conspiracies），其目的是将工资提高到被工人个人接受的工资水平以上。然而，马萨诸塞州最高法院在 19 世纪中期作出的一项重要判决（*Commonwealth v. Hunt*），使工会从强力的阴谋论中解脱了出来。这项判决认为，如果工会的目标是合法的，那么工会就不应被认定参与了非法共谋。[2] 这项判决为其他地方的法院裁判确定了基调，也为全国工会的发展营造了宽松的氛围。

大多数早期的工会都是在城市或地区的层面上建立起来的。因为只有在这一层面上，他们才能最好地发挥其经济方面的影响力。当时，各类商品只供应本地市场，各生产商之间即使有竞争，竞争程度也并不激烈。然而，到了 19 世纪中期，随着运输和销售系统的升级发展以及工厂生产制的出现，商品竞争的范围扩大了，一些全国性的工会也因此建立起来。雇主们必须找到降低成本的办法，才能在更广阔的市场竞争中取得成功。而这通常意味着要降低工资或者提高生产率。雇主们重新设计并简化了工作岗位，以提高生产效率并减少所使用的熟练工数量。如果工会想把来自彼此竞争的企业的工人组织起来，以获取工资、工时、工作条件等方面的利益，那么它们就必须超越本地社区或企业，在更广泛的范围内运行。

19 世纪 60 年代，美国的全国性工会组织开始吸收来自加拿大的成员。铸模工工会（the Iron Molders）和印刷工工会（the Printers）是最早兼并加拿大城市工会的工会组织之一。在随后的 20 年里，美国工会在加拿大金属、建筑和铁路等行业开展了工会组建活动。20 世纪初，加拿大的大多数工会会员都隶属国际性的工会组织。虽然在下一章我们才会从组织结构的角度探讨国际工会主义问题，但我们有必要在这里提及一点，由于这些以美国为基础的工会组织限制了加拿大在行政管理和集体谈判中的部分自治权，国际工会主义已经受到加拿大的深切关注。[3] 国际工会主义在美国就像是工会运动向美国雇主营业所在地和美国工人工作所在地的自然扩张。对于这一时期的工会组织而言，它们最关心的问题不是工会在哪里开展工作，而是工会应当开展什么工作。

1866 年，在铸模工工会威廉·西维斯（William Sylvis）的领导下，一些工会领袖组建了全国劳工联盟（the National Labor Union，NLU）。全国劳工联盟一视同仁地吸收熟练工和非熟练工入会，并且将参与政治作为其主要职责。它支持实行八小时工作制，对移民进行限制，废除罪犯劳动，进行货币改革并实行妇女同权。早期的劳动历史学家诺曼·威尔（Norman Ware）在描述全国劳工联盟时，毫不掩饰对该联盟宽泛政治议程和多样化会员形式的轻蔑态度："这是一个由没有组织的劳工领袖，没有党派的政客，没有丈夫的妇女，没有工作的怪人、空想家和煽动者领导的，典型的美国政治改革组织。"[4]

全国劳工联盟在 1872 年举行了最后一次全国代表大会。此时它已更名为全国劳工改革党（the National Labor Reform Party），并寻求在国家政治中发挥重要作用，然而这一尝试并不成功。[5] 不考虑其政治目标，全国劳工联盟从未完全脱离在工作场所作为工人代表的角色，而且能够在铁路、煤矿、制鞋厂和纺织厂中开展工会组建活动和集体协商工作。但是，在全国劳工联盟内部，关于全国性工会如何维护其成员的利益一事，从来没有形成过共识。

另一个重要的工会组织——劳工骑士团，则向我们提供了一个独特的既非纯粹政治也非工作场所导向的工会主义形象。

## 劳工骑士团

1869年，裁缝工人工会（the Garment Cutters Unions）的尤莱亚·史蒂文斯（Uriah Stevens）等劳工领袖在费城组建了劳工骑士团（the Noble and Holy order of the Knights of Labor，the Knights）。起初，劳工骑士团采取了秘密团体式的组织形式，以避免其成员被雇主开除。1879年，史蒂文斯竞选国会议员失利，其在劳工骑士团的领导位置被特伦斯·鲍德利（Terence Powderly）取代。

在建立初期，劳工骑士团发展迅速。它的会员数量从1879年的9000人增长到1880年的2.8万人，再到1885年的11.1万人。1886年，在取得了包括沃巴什铁路公司（the Wabash Railroad）罢工在内的几次重要罢工活动的胜利之后，劳工骑士团会员数量超过了70万。[6]

在鲍德利的领导下，劳工骑士团由最初的行业工人工会，转变成为一个肩负着改革美国经济与社会、改善会员道德与智力水平等广泛职责的、无所不包的工会组织，几乎所有人都可以成为其会员。劳工骑士团认为：当时的工业生产体系与工人的自豪感和个人成就感并不协调，应当废除工资制度，每个工人都应当是他（她）自己的主人，雇佣条件改革必将使工人在道德和智力方面获益。

劳工骑士团提出，有几种办法可以实现经济改革。例如，可以让成员了解工业生产体系的弊端，并向他们展示改变这一体系的办法；可以施加政治压力，限制外国劳工的流入，同时增加对教育的资助；可以建立属于工人的生产-消费合作社，使工人成为自己的主人，同时消除原本不可避免的劳资冲突。[7]

劳工骑士团由成员限于某个特定行业的行业团体和拥有各类工人甚至一些雇主的混合团体组成。[8] 它吸收会员时并不考虑其所属的产业或行业，会员中既有生产工人，也有文员与专业工人。制造商和零售商如果雇用了骑士团的会员，并由此表现出了对劳工尊严的尊重，也可以入会。劳工骑士团的管辖范围反映了它对劳工联合的信念以及工会在当时经济体系下的常见困境。社会的真正分野，与其说存在于雇主与雇员或雇员彼此之间，不如说是存在于生产者与资本家（the moneyed interests）之间。

劳工骑士团虽然发展速度惊人，但并不稳定。因为它的目标非常模糊，会员资格又非常多样。一位早期的工会运动观察者利奥·沃尔曼（Leo Wolman）如此总结劳工骑士团："具备一个不稳定、不可持续的组织所应有的一切特征。"[9] 劳工骑士团关于工人道德改善的目标，既高估了雇员和雇主的共同利益，也低估了双方受自身利益驱动的程度。劳工骑士团以为，一个全国工会，乃至全国工会的一个地区组织，无论技能水平、职业和行业如何，都可以代表所有工人。劳工骑士团志向远大，希望可以统一工人利益，但在实际事务中却表现得十分软弱。它虽然赢得了几次大型罢工的胜利，也因此增加了数千名新会员并且声名远播，却不能建立可以与这些会员保持有效联系的地方组织。

一次事件的发生是导致劳工骑士团衰落的决定性因素，然而具有讽刺意味的是，劳工骑士团并不是这一事件的主要参与者。1886年5月，芝加哥的干草市场（Haymarket Square）举行了一场集会，集会的目的是对一系列争取八小时工作制的罢工活动表示支持。有1200人参加了集会，但在总结讲话时，由于开始下雨，只有大概300人留了下来。在最后一位演讲人发言结束前，警察试图驱散人群。这时有人投掷了一枚炸弹，导致7名警察被炸死，60人被炸伤。警察开枪回应，致使1人死亡，数人受伤。干草市场事件（the Haymarket Affair）发生的那段时间，还发生了几次重要的罢工和示威事件，它们加剧了公众对劳工激进主义和工会暴力的恐慌情绪。尽管劳工骑士团并没有直接参与这一事件，但它是当时最大、最知名的工会组织，所以它成了人们批评的主要目标。[10]此外，由于传统工会组织的谈判成就广为传播，会员们纷纷脱离劳工骑士团加入这些工会。面对充满敌意的公众、不满的会员和其他工会的竞争，劳工骑士团的官员们行动乏力。人们普遍认为，特伦斯·鲍德利缺乏才干，[11] 而该会的其他领导人也大多属于蹩脚的谈判者，不能清楚明白地表明工会的罢工政策，以缓解公众的压力，吸引更多的会员。[12]

干草市场事件或许可以作为劳工骑士团开始走向没落的一个标志，[13] 但如何准确地界定其立场才是劳工骑士团存在的最严重、最根本的问题。

劳工骑士团在1878年开始了全国层面的事业，它的纲领充满勇气，然而，很长时间里，它都无法确定自己到底在做些什么。它对所有的事都表示同情，但对任何事都不参与。它组织集会，举行成立仪式，选举官员，庄严地招纳新会员，并为会员兄弟们做了一点慈善和就业介绍工作，然后就消亡了。[14]

在1886年的巅峰期，劳工骑士团拥有70多万会员。但在1890年，这一数字下降到10万，到了1893年则仅有7.5万。[15] 从劳工骑士团的衰落中，全国性的工会得到了如下教训：一项模糊的改革议程与混乱的会员入会标准可以毁灭最庞大的工会组织。当另一个全国性工会组织——美国劳工联合会（the American Federation of Labor，AFL）诞生时，他们会小心翼翼地严格确定其工会职责与入会标准。

## 美国劳工联合会

在劳工骑士团内部，职业集会与地区职业工会必须与那些由非熟练工和半熟练工组成的团体并存。在19世纪80年代，劳工骑士团和全国性工会组织之间发生了数起有关工会组建管辖权的争议（即哪些工会可以组建哪些工人入会）。由于不满管辖权争议的处理结果，加上劳工骑士团在干草市场事件后突然衰落，包括瓦工工会（the Bricklayers）、铸模工工会和卷烟行业工会（the Cigarmakers）在内的一些全国性工会，在1886年建立了一个新的工会联盟，即美国劳工联合会。[16] 美国劳工联合会的创建者之一，卷烟行业工会（一个脱离了劳工骑士团的工会组织）的领导人塞缪尔·冈珀斯（Samuel Gompers），成为美国劳工联合会的首任主席，并担任这一职务直到1924年去世。[17]

冈珀斯无疑是“现代美国工会运动的主要缔造者”。[18] 美国劳工联合会的著名历史学家菲利普·塔夫脱（Philip Taft）这样描写冈珀斯：“在他那个时代至以后，没有人像冈珀斯那样拥有对北美入会劳工无所不在的影响力。”[19] 冈珀斯不曾控制过任何大型工会，他的主张在劳联内部总是面临许多反对意见，他也没有威严的外表，他的“影响力来自他的智慧，他对工会运动的高度忠诚，对工作的无限付出，令人惊叹的工作能力，对工人需求的了解和著文对工人需求进行表达的力量，和解与谈判的才能，以及他愿意接受他和劳联只对所属组织行使有限权力”。[20]

尽管冈珀斯起初曾被社会主义政治和激进工会主义吸引，但他在劳工运动中的个人经历，特别是卷烟行业工会内猖獗的意识形态党派之争，让他形成了一套实用主义的工会主义观点。冈珀斯对劳工骑士团改革主义的使命、开放的入会标准以及其高级领导人的权力很不满。他认为，工会组织需要做的，不是追寻那些遥不可及的乌托邦式的目标，而是寻求改善工人在现有经济体系下的实际待遇。改进立法的目标应当是加强而非取代集体谈判。资方和劳方在劳动领域可能存在一些共同利益，但他们对工人在企业利润中占多少份额才算合理这一问题，不可避免地会有不同意见，而这一问题只能通过直接的谈判予以解决。这一观点是如此直白、实用，且与劳动紧密相关，因此被称为“纯粹工会主义”

(pure and simply unionism)。[21] 冈珀斯如此写道:

工会组织不仅要讨论经济和工会问题,而且要用一种实事求是的方式去处理这些问题,以改善今日人们的生活状况。美国工人运动的基础原则是承认首要的事情必须首先处理。我们的职责中,首要的关键点是立即为雇佣工人提供保护;增加他们的工资;减少工时,避免漫长工作日对工人的侵害;改善工作场所的安全和卫生条件;使工人从那些导致其像奴隶一般生活的严苛管理、吹毛求疵等境况中解放出来。我再次强调,本质上,这些才是工会主义的主要目标……我们伟大的劳工联合会绝不放弃这一信念,也不会去支持几十年来反复出现的任何拯救或毁灭社会的计划。[22]

劳联确立了一些原则,来避免劳工骑士团组织结构方面的缺陷。首先,劳联的成员工会拥有完全管辖权,每个工会都在其章程中明确了某一类的会员标准,而不会与其他工会重叠。[23] 其次,劳联被设计成由众多自治工会组成的联合,用劳联领导人的说法就是"用沙子拧成的绳子",劳联的权力来源于各成员工会,只是被让渡给了联合会而已。然而,冈珀斯和劳联也为地方职业工会的组建工作提供帮助,希望众多的职业工会能够在这些行业中联结成全国性的工会组织,并被吸收为联合会的成员。由于上述政策的实施,联合会的成员数量由 1897 年的 58 个增长到了 1904 年的 120 个。[24]

## 对抗雇主

劳联成立不久，就必须在一些紧张的劳资冲突中显示自己的勇气。19 世纪 90 年代的两次大罢工体现了雇主强烈的反工会情绪，也显示了工会为生存而进行的斗争。

1892 年，劳联的成员工会铁、钢、锡工人联合会（the Amalgamated Association of Iron, Steel and Tin Workers）与宾夕法尼亚州霍姆斯特德市的卡内基钢铁工厂（the Carnegie Steel Works）之间爆发了一场争议。因为工厂试图压低经营成本，工会和工厂之间的谈判变成了争吵。工厂决定未雨绸缪，提前对罢工做出准备：绕着工厂建造了一圈 12 英尺高、3 英里长的围栏，并从平克顿安保公司（Pinkerton）聘请了 300 名保安来保护公司财产并破坏罢工。

6 月末，卡内基钢铁工厂给出了它的最终提议，要求降低工资并改变工作规则，还采取攻势将 750 名工会会员赶出了工厂，随后很快又将该厂其他大概 3000 名工人赶出了工厂。工人持续监视工厂和工厂旁边的莫农加希拉河（the Monongahela River），以防罢工破坏者们重开工厂。7 月，5300 名平克顿保安坐驳船由河道到达工厂，并在此遭到工厂工人和镇上居民的阻挡。随后双方发生冲突，40 名罢工者中枪，其中 9 人死亡；平克顿保安中有 20 人中枪，7 人死亡。最终，这些保安被镇上居民解除了武装。卡内基钢铁工厂动用保安和工贼的进一步尝试遭到暴力抵抗之后，宾夕法尼亚州的民兵开始介入以控制该城。5 个月后，落败的工会取消了禁止会员返工的禁令，罢工由此结束。该厂原来的工人中，只有800人得到了原来的工作，而铁、钢、锡工人联合会也在全国范围内受到打击，会员人数从1892年的2.4万人下降到1894年的8000人。卡内基钢铁工厂引入机器生产以提高生产率，减少了25%的用工。[25] 在随后的45年里，霍姆斯特德市的卡内基钢铁工厂得以在没有集体谈判协定的情况下保持着业务运转。[26]

19世纪90年代的另一场大型罢工也是以工会的惨败而告终的。位于伊利诺伊州普尔曼市的普尔曼豪华汽车公司（the Pullman Palace Car Company）是一个大型轨道车辆生产商。为了应对1893年的经济衰退，该公司暂时解雇了5800名雇员中的一多半，而且还将工人工资降低了25%至45%。这些极端措施是在普尔曼这样的公司城中进行的：普尔曼豪华汽车公司拥有该市包括工人住房在内的所有建筑，还负责提供全部的城市基本服务。在工资降低的情况下，工人的租金却没有减少。工人们几次要求恢复工资水平，全都遭到了拒绝。于是，在1894年6月11日，工人开始了罢工行动。

普尔曼的工人隶属美国铁路工会（the American Railway Union, ARU），这一工会成立于1893年，不分职业地代表所有铁路工人，是劳联铁路工会的竞争对手。[27] 该工会主席尤金·德布斯（Eugene Debs）号召普尔曼的罢工者将这次争议看作对公司难以忍受的雇佣政策的回应，而不仅仅是单纯追求经济利益。美国铁路工会其他的地方分会拒绝运行任何拉载普尔曼卧铺车的火车，开始了联合抵制行动。普尔曼豪华汽车公司的同盟者铁路公司，则通过雇用工贼（striker replacement）以及在火车上装载信件寻求法院对联合抵制行为下达禁令的方式，展开了反击。最终，持续的罢工活动、对轨道车的联合抵制以及对铁路财产的破坏，带来了法院的禁令、联邦军队的介入和公众支持率的下降。德布斯向冈珀斯求助，希望可以进行全国罢工以支持普尔曼的工人，但冈珀斯拒绝了这一请求。因为冈珀斯对这样大规模的同情罢工持谨慎态度，而且他反对美国铁路工会泛化工会主义的做法，并将美国铁路工会视为劳联工会及其劳工运动领导权的竞争对手。[28]

8 月初，工会代表举行会议宣布罢工结束后，罢工活动停止了，普尔曼豪华汽车公司也恢复了运行。强大而坚定的雇主和由联邦军队支持的强制令一起，构成了罢工者无法承受的巨大压力。德布斯随之被判定违反了反托拉斯法，锒铛入狱，美国铁路工会也迅速走向衰落。

霍姆斯特德和普尔曼两地的工会组织彼此迥异：霍姆斯特德的钢铁工会是只招收熟练工的排他性组织，而美国铁路工会则是包括所有铁路工人的非排他性组织。然而，二者也有共同点：一是二者都秉持有限的目标——与雇主开展谈判，以达成维护工人就业保障和工资收入权益的集体协议；二是虽然罢工者及其同盟者十分团结，但二者都被强大的雇主战胜了。不出十年，另一个拥有激进目标和开放入会标准的工会组织，将会与强大的雇主展开较量。

### 世界产业工人联盟与革命工会主义

1905 年，来自 43 个工会组织的代表在芝加哥举行大会，成立了一个革命性的总（无所不包的）工会——世界产业工人联盟（the Industrial Workers of the World，IWW 或者 Wobblies）。世界产业工人联盟章程序言开篇就鲜明地体现了其激进的意识形态，即认为阶级斗争是不可避免的信念："工人阶级与雇主阶级毫无共同之处。"[29]

产业关系学家霍伊特·惠勒（Hoyt Wheeler）如此描述世界产业工人联盟的革命工会主义："劳工运动的本质是抗议。它排斥与雇主保持如集体谈判下那样的持续的常规化关系，至少不考虑将其作为一个重要选项。相反，它的目的是攻击雇主，这或者只是出于愤怒，或者是出于完全消除雇主和改变社会的理念。"[30]

比起集体谈判，世界产业工人联盟更青睐罢工行动。它是工团主义（Syndicalism）的支持者。工团主义认为，一个全国性的总罢工将导致资本主义的灭亡。在此之前，罢工被用来迫使雇主提高工人工资，改善工作条件。世界产业工人联盟极力避免签订正式的集体合同，只是公布其工资要求清单。[31]

世界产业工人联盟的管辖范围简单明了。作为几年后将在各国出现的激进且无所不包的"大工会"雏形，世界产业工人联盟不分行业或产业，吸收所有的工人入会——包括工厂工人、移民农场工人、海员和码头工人以及其他任何想加入它的人。世界产业工人联盟在纺织、木材和码头等行业，举行了几次成功的工会组建和罢工活动，但它不能建立有效的地方组织。同时，它的罢工行动往往伴随着暴力，导致公众担心将会发生劳工暴动。世界产业工人联盟认为，第一次世界大战是资本主义阴谋的一部分，由于拒绝支持美国参战，因此政府将它的许多领导人逮捕入狱。

1914 年，世界产业工人联盟声称拥有 12 万会员，然而这一数据并不可靠（实际数字很可能为 3 万至 4 万）。[32] 今天，世界产业工人联盟仅仅在书店和食品店有几个地方分支机构，会员数只有 1000 左右，而且它在 1918 年就已不再是一个主要的工会组织。然而，在它的时代，世界产业工人联盟曾是革命工会主义的有力实验，也是罢工和工会组建活动中的主要力量。

## 两次世界大战之间工会的衰退与复苏

在“一战”期间，美国的失业率比较低，而且政府不希望中断生产过程，工会的实力因此得以增强。在政府合同中，工会的工作标准得到执行，劳工代表被派到为减少停工和缓解谈判僵局而组建的战时劳工局中任职。战争期间，工会会员数量从 350 万增加至 410 万，借着这一势头，工会会员人数在 1920 年突破了 500 万。[33]

对工会来说，20 世纪 20 年代是极为困难的时期。由于遭受雇主激烈的抵制，工会失去了在战时获得的会员与实力。战后，工会内部寻求新谈判成果的压力释放了出来。由于工会努力追赶攀升的生活成本并勇敢面对雇主强硬的反对性谈判，罢工活动在战后的几年时间里日益频繁。其中比较重要的劳资纠纷包括纽约煤矿工人和码头工人罢工、波士顿警察罢工以及 1919 年的西雅图总罢工（该城所有工人都参与了罢工，以支持正在罢工的船厂钣金工人）。[34] 1919 年的钢铁行业大罢工生动地表达了当时雇主打破工会控制的坚定决心。

由劳联24个对钢铁行业拥有管辖权的工会组成的国家钢铁产业组织委员会，试图获得美国钢铁公司（the U. S. Steel Corporation）对其谈判地位的认可。工会的要求包括进行集体谈判的权利，终止由雇主主导的公司工会，提高加班工资，实行八小时工作制等。公司拒绝了这些要求之后，工会先是设定了罢工的最后期限，然后举行了罢工投票，并最终在7月22日走上街头进行罢工。近35万工人参加了此次罢工活动。

美国钢铁公司对罢工活动展开了全面反击。它联合新闻界，将罢工者描述成由世界产业工人联盟的鼓动家带领的目无法纪、行为激进的外来人（很多罢工者都是东欧移民）。地方当局限制了罢工者进行集会的权利。公司利用密探散布关于罢工活动及其领导者的虚假信息，同时，煽动不同移民群体之间的敌意，企图破坏罢工者的团结。它还雇用了3万名美国黑人工人顶替罢工者工作。面对这些冲击，罢工者士气低落，最终三分之二的人重返工作岗位。1920年1月，工会宣布罢工结束。此后近20年里，集体谈判在美国钢铁公司消失了。[35] 以任何标准来说，这都是一个巨大的灾难性的对抗，钢铁行业的罢工昭示了工会在20世纪20年代即将面临的困难时期和雇主的激烈反对。

在雇主广泛而有组织的攻击下，工会在20世纪20年代流失了160万名会员（约占当时工会会员总数的三分之一）。[36] 雇主故伎重施，要求工人签署“黄犬契约”（yellow dog contracts）。根据这一合同，工人必须承诺不参加工会组织才能被雇用。1921年1月，制造商协会全国会议提出在本产业实施“美国计划”（American

Plan)，声称要努力实现或保持无工会状态。雇主将工会抹黑成与美国个人主义精神格格不入的异类，指责工会拖累了生产效率的提高、是外国激进分子的阴谋。他们雇用密探来识别并解雇支持工会的工人，然后将他们列入“黑名单”(即将他们的名字加入不再雇用的名单)。雇主还采取暴力、胁迫、开除工会支持者以及雇用工贼等措施来对付工会的组建和罢工活动。

少数雇主尝试用更加仁慈、温和的方式来赢得工人的忠诚，使其不再对工会感兴趣。[37] 他们采取家长式的管理风格（后来的评论家称为福利资本主义)，给工人各种就业福利，包括团体人寿保险计划、咨询服务、带薪休假和退休金计划等。这是为了向工人表明，即使没有工会，他们也可以做得很好，雇主就像仁慈的父亲一样关心工人的福利。这种观点认为，如果工人好好工作，企业就能好好运行。个人的不满要服从于企业的共同利益。[38] 有些雇主走得更远，他们组建了工会的替代品，以使雇员觉得他们已经有了代表，这通常被称为“雇员代表计划”(employee representation plans)。然而，所有这些组织都无法真正独立地代表工人，因为雇主控制着“雇员代表计划”公务人员的选择，为计划提供财务支持，并决定着劳资双方联合讨论的主题。

面对雇主的进攻，工会束手无策。工会组建活动乏善可陈，领导缺乏创造力，会员人数也大幅下跌。[39] 然而，在接下来的十年里，由于劳动法推动了集体谈判，而工人也对工会有了新的认识，工会以吸收大量新会员入会的方式突然恢复了活力。

多年来，工会领袖们对于组织和代表工人的最好办法一直没有共识。最早的工会通常是由特定职业的熟练工人组成的（如印刷工人或制鞋工人）。劳联曾经提倡高度的行业排他性以及对会员资格进行明确且狭义界定的特许工会。但第一次世界大战以来，生产工人数量大增，其中很多是半熟练工人，手艺工人已经不再占主导地位。劳联的大多数工会是职业工会，并且对以产业为基础组建的工会组织持强烈的批评态度。他们觉得，产业工人谈判能力弱，在一个单一工会中存在不同的工人群体，会破坏工会的凝聚力并导致宗派主义。职业工会主义者们认为，在大型的制造工厂，应该为每个工种分别组建独立的工会。

在 1935 年的劳联大会上，人们就产业工会主义与职业工会主义孰是孰非这一问题展开了辩论。劳联的领导人支持职业工会主义，美国矿工联合会（the United Mine Workers）的主席约翰·L. 刘易斯（John L. Lewis）则主张产业工会主义。与会代表在大会投票中否决了产业工会主义。1935 年 11 月，刘易斯领导成立了产业组织委员会（the Committee for Industrial Organizations），该委员会表面上是为了就产业工人组织问题向相关工会提出建议，但实际上却是为了推动产业特别是大规模生产的产业的工会化。劳联将此视为对其核心原则和领导权威的挑战，指责该委员会属于支持对手、分裂组织的双联主义（dual unionism）。劳联下令解散委员会，刘易斯则拒绝执行。劳联遂驱逐了 7 个工会组织和近 100 万名会员，这些工会组成一个与劳联竞争的工会组织——美国产业工会联合会（the Congress of Industrial Organizations，CIO）。[40]

产联的工会在钢铁、汽车、橡胶、纺织、海运等行业成功进行了工会组建活动，劳联的工会则在大规模生产行业的熟练工人中开展组建活动以示回应。[41] 尽管产联在不断扩张，但劳联的规模依然更胜一筹。在劳联和产联彼此竞争的同时，劳动立法和工人对集体行动的态度发生了重要变化。这两点为工会的发展创造了条件。

调整劳动关系的法律体系已经发展了近百年，从可能被雇主用来抵制工会组建活动的武器（如利用共谋原则和反垄断法扼制工会，利用法院禁令阻止罢工），进入一个短暂的中立期［1932 年的诺里斯-拉瓜迪亚法案（the Norris-LaGuardia Act）］极大地限制了联邦法院就劳资纠纷发出强制令的能力，并禁止联邦法院使用强制令阻止合法的工会活动］，[42] 再发展到 1933 年至 1935 年明确保护工人组建工会的权利。[43]

在大萧条时期，美国的失业率达到了历史最高水平（从 1929 年的 3%增长到 1933 年的 25%），工资水平则大幅下降（平均每小时工资从 57 美分下降到 44 美分）。[44] 富兰克林 · D. 罗斯福（Franklin D. Roosevelt）总统为使国家走出大萧条，实施了新政计划（New Deal program），该计划的核心是 1933 年的《国家工业复兴法》（*the National Industrial Recovery Act*，NIRA）。该法确立了公平行为规则，在此规则下，联邦反托拉斯法允许雇主为其行业或职业确定工资与工时。然而，每一项公平行为规则必须包括一个承认工人有权通过自己选择的工会进行集体谈判的条款，才能获得政府批准。《国家工业复兴法》通过后，工会试图向雇主施加压力，迫使其承认工会的谈判主体资格，导致工会的组建与罢工活动激增。《国家工业复兴法》是“在美国劳工中重燃工会主义精神的火花”。[45] 仅在 1933 年，劳联工会就吸收了超过 100 万名会员。在刘易斯的有力领导下，美国矿工联合会的会员数量在《国家工业复兴法》通过的六个月内由 6 万增长到 35 万。[46] 美国矿工联合会的组织者们在矿井旁边宣称：“总统希望你加入工会，你的政府说：‘加入美国矿工联合会。’ ”虽然最高法院在 1935 年宣布《国家工业复兴法》是联邦权力的违宪扩张，[47] 然而，工人组建工会的权利已然复活，并成为 1933 年之后新出台立法的核心内容。

国会通过了《国家劳动关系法》［*the National Labor Relations Act*，即《瓦格纳法案》（*the Wagner Act*）］，它试图平衡工人与雇主的谈判能力。其理由是，如果工人没有充分的结社自由来组建或者参加工会以与他们的雇主打交道，工人就会通过罢工来迫使雇主承认他们的工会，产业纠纷也在所难免。因此，《瓦格纳法案》在序言中直接而明确地赞同集体谈判。

《瓦格纳法案》将雇主的一些行为界定为不公平劳工措施，并予以禁止。例如，开除或者歧视支持工会的工人，拒绝以真诚的态度与工人选择的工会进行谈判，建立企业主导的工会组织等。工会和员工可以向依据该法成立的政府机构——国家劳资关系委员会（the National Labor Relations Board，NLRB）提出有关不公平劳工措施的指控。如果国家劳资关系委员会认定确实发生了违规问题，就会勒令雇主停止和终止这些行为。

《瓦格纳法案》还规范了工会的组建行为。工会不必再举行迫使雇主接受工会作为谈判代理人的罢工活动。相反，国家劳资关系委员会将组织关于工会的认证选举。雇主应当承认工人投票过半数选出的工会，并以真诚态度与其谈判。该法案的关键部分指出：

一个单位的多数工人为进行集体谈判而指定或选举的代表，乃是该单位全体工人就工资、工时或其他就业条件进行谈判的唯一代表。[48]

这一条款在当时乃至现在都是真正革命性的。第一，它明确指出，工会是否能够代表工人群体需由“工人自己”而非他们的雇主或工会来决定。工会对行业或职业管辖权的声明，并不能自动赋予工会代表工人的权利。每个行业或职业只有一个工会的专属管辖权原则永远失效了。劳动历史学家欧文·伯恩斯坦（Irving Bernstein）总结说：“虽然在美国劳工运动中仍然有管辖权这一概念，但它不再是排他性的。竞争取代了垄断。其实，随着时间的推移，管辖权概念已经无法用来对抗任何竞争者。”[49]

第二，工会成为谈判代理人的认证活动，变成了一个要么全胜要么全败的简单事情。工会必须向国家劳资关系委员会证明它是多数人的选择，如果达不到多数，即使是一半对一半的支持或反对，也意味着工会组建活动的失败。不存在所谓少数工人的代表。

第三，如果工会赢得了认证选举，工会就会成为工人的独家代表，再没有其他工会可以代表这些工人，除非其他工会通过另一次选举取代了现任工会。法案不允许多家工会代表制，一个谈判单位（bargaining unit）——有权在认证选举中投票的工人群体——同一时间只能由一个工会予以代表。

第四，劳资关系委员会明确了所谓“进行集体谈判的合适单位”（unit appropriate for collective bargaining）的定义，也就确定了工会代表的工人基础。劳资关系委员会同意以生产和维修工人而非个人职业作为进行集体谈判的合适单位，大规模生产行业的工会组建成为可能，产联的产业工会由此在组建活动中占据了有利位置。

对劳动者而言，《瓦格纳法案》是一个令人难以置信的进步；它不仅赋予了工人结社权，而且明确了工会组建活动的程序，限制了雇主干涉工人结社的行为，并迫使雇主与员工进行谈判。[50] 它明确批准了集体谈判的程序，却并不支配集体谈判的结果。《瓦格纳法案》的立法基础是一种所谓“产业多元化”（industrial pluralism）的信念，即工会与资方之间的冲突既是持久的，也是可控的。资方有权通过分配人力资源等企业资源来实施管理，提高效率。工人也有权参与决定有关自身就业的条件或条款，即可以就企业管理决定的影响进行协商。社会则可以免于搅入工会和雇主之间旷日持久的劳资纠纷。“因为劳资双方在建设和维持一个成功企业方面有着共同的利益，所以一种既可以满足双方不同利益需求，同时也不对任何一方或者社会公众造成过度伤害的手段就变得十分必要。”[51] 而这就是集体谈判所要发挥的作用，人们认为，集体谈判“是满足雇佣关系各方既冲突又重合的目标的首选机制”。[52]

然而，集体谈判并不仅仅是劳资双方周期性的协商。《瓦格纳法案》通过批准集体谈判，促进了“工作控制工会主义”（job control unionism），即协商制定详细规定劳资双方权利义务、高度规范化且有法律约束力的劳动合同。

在有利于集体谈判的劳动法通过的同时，工人的态度也有了一个重要的转变。大萧条时期的大规模失业表明，工人工作机会的减少不能归因于工人个人的不足，而是由于整个经济体系的失败。因此，自我组织起来进行集体谈判，而不是依靠个人谈判，就成为理所当然的事情。工联主义由此成为工人获取足够实力，在平等基础上面对他们雇主的一个有吸引力的方式。

在20世纪30年代，以下三股力量融合在一起：劳联和产联的工会组织倾注了极大的精力和资源来组织工人入会，新的立法批准了集体谈判并提供了组建工会进行谈判的程序，同时工人也更加乐于接受工联主义的集体力量。1935年至1940年，工会会员数量激增143%，吸纳会员500万人。通过成功的工会组建活动，钢铁、汽车、橡胶、化工等行业出现了新的、重要的产业工会组织，集体谈判也终于成为美国工业不可分割的一部分。

## “二战”期间和战后的工会

### 工会的团结与实力

“二战”期间，工会与资方共同努力减少罢工并提高生产效率，工会还参加了诸如战时生产委员会（the War Production Board）等具有同样目标的政府机构。1942 年，煤矿工人工会（the Mine Workers）就工资问题举行罢工，罗斯福总统逮捕了相关矿主，直到劳资双方达成和解协议。然而，战争期间总的罢工发生率并不高，这也反映了工会在 1941 年发布的无罢工宣言。

战争结束后不久，美国的物价急剧上涨，工会努力地维护战时取得的谈判成果。如今，工会已然摆脱了谈判和罢工方面的重重限制，努力通过就业保障与工资增长方面的谈判来收复失地。工会罢工活动日益频繁，在汽车、钢铁、铁路以及煤炭行业都发生了一些重大的劳资纠纷。这些罢工成绩加上过去十年间工会的快速发展，使公众与立法者认识到，工会在与资方的互动中已经不再是处于劣势的一方。这一时期，国家开始纠正《瓦格纳法案》，这个行为在很多人看来是对劳方的倾斜保护。《美国劳资关系法》（*the Labor-Management Relations Act*，又称 *Taft-Hartley Act of* 1947，即《1947 年塔夫脱－哈特莱法》）规定了工会的不公平劳动行为（如拒绝以善意与雇主进行谈判等），工人不参加工会的权利，以及企业主管人员无权享有组建工会的法定权利等。它也赋予各州通过相关立法（即就业权利法案）禁止任何要求将拥有会员资格作为雇用条件的集体协议条款的权利。[53]

尽管有这么多的法律限制，战后初期以及 20 世纪 50 年代的工会仍然在集体谈判中发挥了相当大的影响力。他们集中精力去控制新生产技术对工会会员就业的影响，推动提高工人工资水平以跟上通货膨胀的步伐，还发展了包括养老金和健康保障计划在内的就业福利体系。集体合同在其内容的丰富性和时间的持久性方面都获得了发展。

这一时期，美国的消费需求与工业产出不断增长，工会组织也蓬勃发展。虽然雇主偶尔试图取得集体谈判的主动权，但他们一般都会向工会的主张妥协，“通过满足工会对更多优惠条款和就业条件的要求，来获得工人队伍的稳定”。[54]

20 世纪 50 年代是工会组织相互联合的十年。20 世纪 30 年代中期，产联成立后不久，劳联和产联经历了一段激烈的工会“奇袭”期（即工会组织试图吸收原本由其他工会代表的工人入会）。工会组建方面的相互阻挠耗尽了工会的财力资源以及工会官员的时间和精力，却没有带来显著的会员增长。工会彼此之间的谩骂竞争，败坏了整个工会运动的声誉。后来，工会意识到了这一点，恶意阻挠的发生率逐渐下降。[55] 1954 年，劳联和产联达成协议，结束彼此附属工会之间的阻挠活动。这一和平协议成了双方最终整合的前兆。这些年来，两大联盟的工会组织在管辖权方面的差异缩小了；许多劳联工会开始招收半熟练工，同时许多产联工会也开始招收原本由劳联工会代表的熟练工人。

1952 年，劳联主席威廉·格林（William Green）和产联主席菲利普·穆雷（Phillip Murray）都去世了。两个联盟的新领导——产联主席沃尔特·鲁瑟（Walter Reuther）与劳联主席乔治·米尼（George Meany）虽然不是亲密的朋友，但也不像他们的前任那样相互仇视对方。他们相信，一个联合起来的工会运动将会因其规模而产生更大的政治影响力。通过整合资源、结束工会内部的竞争，一个新的联盟可以复苏已经走下坡路的工会组建活动。1955年，劳联和产联合并成立了劳联-产联（AFL-CIO），乔治·米尼和沃尔特·鲁瑟分别成为新组织的主席和副主席。劳联在合并时拥有460万会员，其规模是产联的两倍。

两个联盟合并之后，并没有出现预想中的工会组建复兴，会员人数在接下来的十年中减少了大概20万人。劳工队伍结构的变化（例如，就业从制造业等工会传统据点转移到服务业等加入工会程度不高的行业）导致私营部门会员人数的减少。然而十年之内，政府部门将成为工会发展的新引擎。[56]

## 工会腐败的曝光

尽管在工会运动的早期就出现了一定程度的领导层腐败，但在20世纪50年代晚期，腐败变得十分猖獗，至少根据新闻报道而言是如此。工会官员的不当行为在约翰·L.麦克莱伦（John L. McClellan）任主席的劳动管理领域不当行为国会委员会（the Congressional Committee on Improper Activities in the Labor Mangement Field）进行听证的两年中被曝光。麦克莱伦委员会发现，几个工会组织的官员（例如，卡车司机工会、面包工人工会和建筑工人工会的官员）参与了敲诈雇主和工会会员、贪污工会经费等腐败行为。为应对这一情况，国会基于缺失民主的工会治理方式是腐败行为产生和持续的温床的理念，于1959年出台了法律以清除工会内部的腐败官员，推进工会管理的民主化。《劳资报告和信息披露法案》（*the Labor-Management Reporting and Disclosure Act*，又称 *the*

*Landrum-Griffin Act of 1959*，即《1959年兰德隆－格里芬法》）[57]赋予了工会会员一系列权利，包括在工会选举中投票的权利、参加工会相关会议并投票的权利以及参与工会审议的权利等。会员还拥有了言论和集会的自由、就增加会费问题投票的权利、起诉所在工会的权利、免于工会官员不当纪律处分的保障，以及获得所在工会集体协议文本的权利等。

工会必须向美国劳工部备案工会的财务报告。雇主必须向美国劳工部报告支付给工会官员的报酬或贷款以及在劳资关系顾问方面的支出。全国工会的官员最多每五年选举一次，地方工会最多每三年选举一次。法律还限制了工会官员将地方工会置于托管制度之下（例如，暂停地方工会的自我管理）的权利，因为这是在地方层面上扼杀异议的常用手段。

### “劳资协议”的崩塌

美国的企业管理层从未将工会视为工作场所的平等主体或者雇佣关系中有价值的伙伴。然而，在战后数年里，工会与资方就怎样协调彼此关系和目标的不一致性逐渐达成了谅解。雇主实质上权衡了抵制或接受工会的成本与收益，虽然不情不愿，但一般会接受工会。从20世纪50年代到70年代，鉴于工会实力强大且无处不在，雇主容忍了工会的存在。因为，无论是在未建工会企业里抵制工会组建，还是在已建工会的企业里替代原有的工会，代价都太昂贵了。这种心照不宣的谅解就是所谓的“劳资协议”。[58]

工会接受雇主在法律和集体协议确定的范围内行使对企业的

管理权，而雇主也接受工会在法定界限内存在并就集体协议开展谈判的权利。一位经验丰富的劳动关系观察者乔治·施特劳斯（George Strauss），简洁地描述了工会与雇主角色的特征："雇主的工作就是管理，而工会的工作是反对。"（例如，谈判并执行集体协议）[59]

虽然资方实际保留了在未建工会企业依法反对工会的权利，但工会和资方在劳资协议的基础上和平共处了大概 40 年。政府保障雇员选择其谈判代理人的权利，要求雇主承认雇员的选择并以善意与之谈判，以此表示对"劳资协议"的支持。

很明显，这样的"劳资协议"是不平衡的，"资方作为高级伙伴，很大程度上能以不受限制的权利来经营企业，而工会作为低级伙伴只能就有限的主题开展谈判"。[60] 同时，劳方和资方对协议的承认只局限在美国主要的工业地区（如东北地区和中西部）以及工会化程度比较高的行业，而这种承认是"劳资协议"的基础。在这些地方，工会化的程度如此之高，以至于雇主发现跟工会作对没什么好处。然而，在美国南部或者服务业等其他方面，雇主仍然在攻击工会。

在 20 世纪 70 年代晚期，"劳资协议"开始崩塌。面对国内外未建工会企业的竞争压力，"资方撤销了其对集体谈判的承诺，试图抵制工会的组建活动，并在已建工会企业中压制工会"。[61] 资方认为，与工会打交道的代价已经高得无法承受，而集体谈判在很大程度上束缚了他们的竞争力。"在资方出现了一种积极的以市场为导向的思想，这种思想为资方在激烈竞争的环境中保持必要的管理弹性而进行的反工会的活动进行了辩护。”[62] 大概从20世纪70年代晚期开始，雇主不再承认工会，并投入精力和资源来创造一个无工会的环境。“由规则和理解、妥协和同意构成的、曾经作为美国一个时代的工业关系标志的复杂体系，突然之间就转变了。”[63]

在20世纪80年代早期，由于雇主不断攻击工会的组建活动，在谈判时雇用工贼，为了避免承认工会而关闭和迁移工厂，并在谈判中向工会施压迫使工会让步，“劳资协议”的崩塌加速了。雇主的抵制增加了工会组建活动的难度，使其更加费时和费钱。工会从组建领域退却了，宁可维持现状也不愿从事艰巨的增加会员的工作。[64] 工会组建活动的数量（例如，在组建活动中组建新会员）减少了近一半，并再也没有恢复到先前水平。对大多数观察家而言，工会组建活动正在“接近崩溃”已成为必然的结论。[65]

雇主在工会组建活动中不当行为（如解雇和恐吓工会支持者等）的恶劣程度前所未有。自20世纪20年代以来，人们从未像目前这样在社会和政治层面接受雇主公开地采取“无工会”措施。许多企业将预防工会和取代工会作为其最重要的劳动关系政策。[66] 由于工会不能吸收足够的新会员来弥补其因已建工会企业雇用人数下降造成的损失，工会会员总数下降了。[67] 来自会员的会费收入减少了，导致工会缺乏足够的资金去开展工会组建活动，结果又使会员人数持续下降。工会陷入了不断衰落的恶性循环。[68] 我们将在下一章讨论有关这一历史性衰落的具体内容，并在讨论工会复兴和未来工会的章节中审视这一衰落的影响（第六章和第七章）。

不仅工会组建活动变得更加困难，甚至在工会成功进行工会组建时，也有三分之一的时间因为雇主的反对而不能达成第一份集体合同。一个让人沮丧的趋势日益明显。在初次谈判时，雇主就以迁移工厂相威胁，要求工会作出重大让步。当工会以罢工作为回应时，雇主就雇用工贼并继续运营，甚至要求国家劳动关系委员会撤销工会的谈判代理人身份。简言之，“在产业关系体系中出现了一个爆炸性扩张的对抗领域”。[69] 雇主找到了避免工会化的办法。

“劳资协议”的崩塌还鲜明体现于20世纪80年代妥协谈判的蔓延。在去管制化（在货车运输以及航空等行业）的环境和国内外无工会企业的竞争中，雇主向工会施压，要求削减成本、提高生产效率。为了保住会员的工作岗位，工会不得不同意冻结及降低工人的工资、采用一次性支付报酬（这种形式的报酬不会变成基本工资的一部分，因此比正常的工资增长所需的成本要低）、实行双重工资体系（新雇用员工拿到的工资比从事同样工作的老员工的工资要少，雇主因此节省了成本）等形式，在集体合同中作出让步。例如，在1986年经劳资双方谈判签订的集体协议中，接近四分之一的集体协议有冻结或者降低工人工资的规定，三分之一有一次性支付报酬的规定，还有十分之一有双重工资系统的规定。妥协性谈判甚至在经济扩张之后还在继续，这充分说明：妥协性谈判与其说是对一个时期经济困难的反映，不如说是意味着

“美国工会谈判能力的下降”。[70] 在20世纪80年代末，妥协性谈判逐渐减少，但集体谈判仍然面临相当大的阻力。对工会而言，集体谈判只是维护工会过去在工资、福利以及工作规则方面成果的一个程序，而不是努力去达成更高的目标。在接下来的章节里，我们会看到集体谈判在经历了超过十年的衰败之后是如何重新恢复活力的。

## 公共部门工会主义的兴起

20世纪60年代至70年代，政府雇员工会出现了爆炸性的增长。美国各州以及联邦政府赋予绝大多数雇员加入工会和开展集体谈判的权利（虽然举行罢工的权利通常会受到限制）。警察和消防员兄弟会变成了其成员的集体谈判代理人。国家公务员协会和教师协会转变成了大型的工会组织。公共雇员协会与传统工会互相争夺对市政府工作人员、医务人员、养护工以及清洁工的代表权。

公共部门工会主义扩张之时，私营部门的工会会员人数正在经历长期的下降过程（下章将具体说明这一趋势）。需要工会代表的政府雇员的日子比私营部门雇员要好过得多。其中许多人所在的协会可以迅速转变为谈判代理人。他们的雇主无法像私营部门雇主那样激烈或有效地抵制工会化。对由选举产生的政府官员来说，公开反对工会在政治上并不明智，因为公共部门的雇员、他们的家人及支持者都是投票人。公共部门的雇主既无法开除工会支持者，也不能以搬迁业务相威胁来规避工会的代表。同时，对公共部门雇主而言，并不存在私营部门雇主所承受的竞争压力，在政府雇员工会运动早期，政府较高的税收保障了雇员工资的增长与支付。当私营部门的工会协议分崩离析的时候，公共部门的工会组织却似乎无所不能。

然而，在20世纪80年代与90年代，公共部门工会必须面对更加严峻的现实。由于来自联邦政府的转移支付和税收收入减少，各州和地方政府主管预算的官员不得不削减政府开支。他们提议削减政府开支，或者将监狱运营、水资源治理以及垃圾处理等事务外包给私营企业。在联邦层面，提出了一项主张重塑政府的倡议，要求政府机构和相关项目明确哪些事情是政府不应该做的。工会采取了多种方式来应对政府的调整："公开示威，法律诉讼，游说限制性立法，集体谈判或者其他不那么正式的协商，参与相关项目以提高生产效率，降低劳动成本，有竞争力的方案，以及总体上的默认。"[71] 没有哪一项单独的方式可以持续适用或者获得成功，大多数工会还是依赖组合战术（例如，通过公开示威以及法律诉讼迫使雇主就外包问题开展谈判）。[72]

在20世纪60年代晚期以及70年代，公共部门工会会员人数的增长还能够弥补私营部门工会的损失。[73] 然而，当公共部门的工会主义发展速度降下来的时候，工会会员人数整体减少了。在20世纪80年代和90年代，公共部门工会会员增加了130万人，同时私营部门会员减少了520万人，净减少390万人。[74] 无可否认，劳工运动遇到了一个会员减少的严峻危机。

## 寻求工会复兴

对今天的工会而言，可能最具戏剧性的事情是寻找办法摆脱当下的危机。几乎所有工会官员与工会员工都在思考怎样阻止会员流失，重启工会组建活动，重获谈判主动权，利用政治手段重建工会并更好地服务会员等问题。工会的复兴计划有这样几个特征：一是开展更多的组建活动并为此提供更多的预算拨款，二是进行更加有效和激进的集体谈判以保护会员的工资福利和就业保障，三是在全国和地方层面上与其他组织联合来全面推进工会活动。在更深的层次上，工会复兴的计划还需要拓展新的代表形式以吸引临时工、移民、失业者以及流动性大的劳动者。

一些人认为，如果不能超越《瓦格纳法案》规定的就业控制工会主义，并把工会转变成能够帮助所有工人、使工人不再只是会员或者谈判单位成员的社会运动，那么都不算是实现了真正的复兴。而另一些人则认为，工会复兴意味着要利用组建活动和政治手段加强工会在谈判中的实力，以获得更好的集体协议。[75]

工会复兴的大部分驱动力来自约翰·J.斯威尼（John J. Sweeny）的当选以及他在1995年进行的劳联-产联领导层改革。领导层的调整是联盟成员针对工会组织明显的萎靡不振以及缺乏创造力的领导作出的反映。斯威尼敦促联盟成员将组建活动置于工会工作的首要位置“以重建工会组建文化”。必须立即进行工会组建活动，只有这样，有关工会组建的法律才会在工会强大时进行修订；工会在认真进行组建活动之前，不应坐等劳动法律改革。[76] 有关工会复兴的方案形形色色，也非常重要，因此我们将单独在第六章予以讨论。在此需要注意的是，如今工会的领导人及支持者近乎痴迷于寻找办法，扭转入会工人比例日益下降的趋势（目前在私营部门的比例为9%）并恢复在集体谈判方面的实力。然而，即使是最乐观的工会复兴拥护者也无法否认，重现20世纪30年代工会迅猛发展局面的可能性已经微乎其微。[77]

## 结　论

这一章与其说是全面的劳工史，不如说是对形成当代工会面貌的几种基本力量的简洁回顾。其中，有两大趋势十分明显：

首先，我们发现工会必须为获得雇主和国家的承认而不断奋斗。工会在我们的经济社会中，从未作为有价值的伙伴或者劳动者的代言人而被接受。关于为获得承认而进行的长期暴力罢工活动的冗长故事说明了雇主反对集体谈判的强大能力。过去20年间，劳资协议的腐蚀表明，资方认为，在极端的竞争环境中，与工会保持谈判关系已经变得过于昂贵了。

由于缺乏资方认可和法律保护的坚实基础，工会自身正处于比20世纪20年代更为严重的工会组建和集体谈判危机之中。而且已经不能再指望公共部门作为工会发展的引擎。对大多数工会而言，面对雇主的激烈反对和各个行业未建工会部门的竞争压力，集体谈判变成了工会维护过去成果的防御手段。

其次，在劳工运动中，工会的职责以及为履行职责而组织自身的最佳方式总是充满争议的。在工会发展过程中，工会确定过不同的目标和管辖范围。例如，劳工骑士团实践了一种以劳工自救为前提的定义模糊的改革工会主义。几乎所有人都可以加入劳工骑士团。而劳联的工会推动了纯粹、工作控制的工会主义，重视通过谈判获得的增量收益。与此形成鲜明对比的是，世界产业工人联盟是一个寻求对整个经济体系进行全面改革的革命性工会组织，它招收所有类型的工人加入，包括许多无法加入其他工会的人（例如，外来工人或者非技术性移民）。

今天的工会既继承了劳联的纯粹工会主义，也继承了《瓦格纳法案》将工会限定于谈判者以及集体协议执行者这一有限角色的模式。工会没有走改革主义或者革命的道路，而是选择成为劳动领域中代表工人的谈判代理人，并就工人工资、工作时间和就业条件与雇主依法谈判以达成有约束力的集体协议。

工会管辖权这一重要问题曾经如此重要，以致可以使劳工联盟分裂，但在今天却变得不那么重要了。在下一章中，我们将发现，虽然一些工会依然保持高度的排他性，但在这不景气的时期，大多数工会都允许任何想被代表的工人加入。

## 参考文献

1. 关于工会演变的讨论大多数源于 Wolman，L.（1924）. *Growth of American trade unions*，1880－1923. New York：National Bureau of Economic Research；Wolman，L.（1936）. *Ebb and flow in trade unionism*. New York：National Bureau of Economic Research；Ware，N. J.（1959）. *The labor movement in the United States*，1860－1895. Gloucester，MA：Peter Smith；Taft，p.

(1964). *Organized labor in American history*. New York: Harper & Row; Bernstein, I. (1969). *Turbulent years: A history of the American worker*, 1933–1941. Boston: Houghton Mifflin; Galenson, W. (1986). The historical role of American trade unionism. In S. M. Lipset (Ed.), *Unions in transition: Entering the second century*. San Francisco: ICS Press, pp. 39–73; Brecher, J. (1997). *Strike!* Cambridge, MA: South End Press; Chaison, G., and Bigelow, B. (2002). *Unions and legitimacy*. Ithaca, NY: Cornell University Press; Lichtenstein, N. (2002). *State of the union: A century of American labor*. Princeton, NJ: Princeton University Press; Wheeler, H. N. (2002). *The future of the American labor movement*. New York: Cambridge University Press。

2. 在 *Commonwealth v. Hunt* 判决中，马萨诸塞州高等法院首席法官莱缪尔·肖（Lemuel Shaw）作出结论："我们不能将人们为最好地实现其利益而共同同意行使其公认权利的行为视为犯罪。" Taft（1964, p. 11）对该判决的重要意义评论道："对于正在出现的劳工组织来说，该决定既是一个许可证也是一个重要标志。该判决表达了人们对于劳工组织地位与重要性的新认识。尽管马萨诸塞州法院的判决在其他州并没有约束力，但判决写作者的杰出工作使其具备了超越马萨诸塞州边界的影响力。"

3. Crispo, J. (1967). *International unionism: A study in Canadian-American relations*. Toronto: McGraw-Hill.

4. Ware (1959), p. 11.

5. 全国劳工联盟支持联邦货币体系的改革（也就是所谓的美钞项目），根据这一改革，纸币流通将成为低成本资本的来源，并能使工人以及其他人组建合作社，免于资本家与银行家的控制。

6. Ware (1959), p. 66。该书是关于劳工骑士团及其时代最全面的研究成果，针对沃巴什铁路公司的罢工给未入会工人留下了特别深刻的印象，因为该罢工所反对的是一个强大的雇主——银行家杰·古（Jay Gould），而且此次罢工还达成了一份与大型企业签订的最早的集体合同。

7. 1887 年末，劳工骑士团在采矿业和制鞋业等众多行业中创建了 135 个合作社。虽然劳工骑士团还推行了合作社的理念，但是它在组建和支持合作社方面做得很少，绝大多数已组建的合作社因为管理不善和缺乏资金都失败了。关于生产者合作社的讨论，参见 Ware（1959），pp.320–333。

8. Wheeler（2002），p. 90。在 1886 年的巅峰期，劳工骑士团拥有 1088 个行业大会和 1279 个混合大会。

9. Wolman（1924），p. 29.

10. 关于干草市场事件及其对劳工骑士团影响的分析，参见 David，H.（1958）. *The history of the Haymarket Affair*. New York：Russell & Russell（2nd ed.），pp. 535–540；Ware（1959），pp. 313–319。

11. Ware（1959），p. xvi。他们将鲍德利描述为一个满嘴空话的人，在街头鼓动那些乌合之众，并为他们枯燥的生活提供情感上的补偿。他们本应该对鲍德利置之不理，但他们没有这样做，相反，他们对滥用权力的主人像狗一样的愚忠。他们把鲍德利当作救世主一样依靠。

12. Wheeler（2002），p. 97–102。分析了劳工骑士团的优势与弱点，并推测它在现今环境中能做得如何。

13. Wolman（1924），p. 30.

14. Ware（1959），p. xv.

15. Wolman（1924），p. 32.

16. 劳联的直接前身是成立于 1881 年的美国及加拿大行业组织与劳工工会联盟。Taft（1964），p. 92–96。

17. 除 1985 年外，冈珀斯一直担任劳联的主席。

18. Taft（1964），p. 115.

19. Taft（1964），p. 115.

20. Taft（1964），p. 116.

21. 纯粹工会主义又被称为“商业工会主义”，因为工会被当作有效率的企业，像商业那样进行运营，其目标是为其会员争取具体的利益，这与社会工会主义相反，后者寻求为全体工人谋取利益。

22. Gompers，S.（1919）. *Labor and the common welfare*. New York：Dutton，pp. 7–8.

23. 事实证明，不可能完全避免工会管辖范围的相互重合，一些成员工会拥有少量从属于其他工会管辖的会员，例如，煤矿中的木匠工人由煤矿工人工会予以代表，而不是由木匠工人工会来代表。新的生产技术或者新的工作流程出现，使得部分工会管辖范围的重合程度越来越高，这会导致工会组建方面的纠纷，促使联盟说服成员工会进行合并。Chaison，G.（1986）. *When unions merge*. Lexington，MA：Lexington Books。

24. Wolman（1936），p. 17.

25. Brecher（1997），pp. 69–80.

26. Taft（1964）.

27. 1894 年，普尔曼豪华汽车公司的工人加入了美国铁路工会。虽然生产工人不属于该工会的管辖范围，但是因为普尔曼豪华汽车公司拥有一些铁轨，他们也被吸收进了工会组织。参见 Brecher（1997），p. 97。

28. 劳联的领导层也认为，“劳资之间应全力避免针锋相对的斗争”（Brecher，1997，p. 110）。Taft（1964，p. 158）认为，罢工失败，是因为雇主的实力而不是缺乏其他工会以联合抵制形式提供的支持。“美国铁路工会决定孤注一掷针对普尔曼豪华汽车公司的联合抵制活动。它失败不是因为缺乏支持。即使冈珀斯同意进行联合抵制行动，也无权号召举行总罢工。而且，联盟成员工会的领导人未必会跟随冈珀斯。除此之外，由于失业蔓延，罢工规模的扩大可能仅会导致更大规模的灾难。”

29. Taft（1964），p. 290.

30. Wheeler（2002），p. 20.

31. Galenson（1986），p. 46.

32. Wolman（1924），p. 119.

33. Wolman（1936），p. 16.

34. 关于这些罢工的讨论，参见 Brecher（1997），pp. 115-157。

35. Brecher（1997），pp. 133-144.

36. Wolman（1936），p. 16.

37. Wolman（1936）.

38. Galenson（1986）.

39. 冈珀斯逝世于 1924 年，而他的继任者威廉姆格林缺乏足以抵抗雇主攻击的进取心。

40. 被驱逐的工会包括美国矿工联合会，联合服装工人工会，国际女装工人工会，国际印刷工会，纺织工人工会，油田、气井和炼油工人工会，煤矿、磨坊与冶金工人工会（以及联合制帽工人工会的男帽与女帽部门）。关于这一导致劳联分裂和产联形成的事件的讨论，参见 Taft（1964），p. 463-483。

41. 相较于产联工会，雇主一般更喜欢劳联工会，因为他们认为，相对而言，劳联工会的行为在意料之中，也更易于打交道。

42. Norris-LaGuardia Act，47 Stat. 70（1932）。雇主反对工会的主要武器之一是运用法院禁令来阻止工会的罢工运动和纠察工作。

43. 根据《铁路劳动法案》这一最古老的集体谈判立法（44 Stat.，Part II，577），所以铁路工人享有了加入工会和开展集体谈判的受保护的权利。根据该法，美国国家仲裁委员会运用调解来协助当事人达成协议，如果当事人陷入僵局，则可以适用仲裁。该法还详细规定了工人“组建工会以及通过自己选择的代表进行集体谈判”的权利。美国国家仲裁委员会举行选举并认证相关代表。1936年以来，航空业也开始适用该法。

44. Galenson（1986），p. 52.

45. Bernstein（1969），p. 37.

46. Galenson（1986），p. 53。关于工会因《国家工业复兴法》的实施而壮大的讨论，参见 Wolman（1936），pp. 43-75。

47. *A. L. Schechter Poultry Corp. v. United States*，295 U. S. 495（1935）.

48. National Labor Relations Act，29 Stat. 449 § 9（a）Representatives and Elections.

49. Bernstein（1969），pp. 772-773.

50. Lichtenstein，N.（2002，p. 52）就《瓦格纳法案》的革命性特征评论道：“该法是一项激进的法律行动，因为它的立法目的是在私营企业的核心实施一系列长期制度，为工人提供发言权利或者工人社团一个工人俱乐部，由此解决工人的不满，并使工人可以自我组织起来，开展经济斗争。”

51. Kochan，T. A.，Katz，H. C.，and McKersie，R. B.（1986）. *The transformation of American industrial relations*. New York：Basic Books，p. 23。该书的作者提出了这样一个观点，人们不再认为劳动市场应当以保护所有当事人利益的方式运作，雇主与工人之间力量的不平衡由集体谈判得到了解决。

52. Kochan，Katz，and McKersie（1986），p. 24.

53.《国家劳动关系法》还允许各州禁止在集体协议中要求将雇员加入工会作为就业的条件之一［§14（b）］。这些要求被称为工会保障条款，而禁止这些条款的州被称为“实行工作权利法案的州”。

54. Jarley, P. (2002). American unionism at the start of the twenty-first century: Going back to the future? In P. Fairbrother and G. Griffin (Eds.), *Changing prospects for trade unionism: Comparisons between six countries*. London: Continuum, p. 201.

55. 一份联盟报告指出，劳联与产联的工会之间进行的组建奇袭只获得了极少数的会员。关于该报告的概括，请参见 Taft (1964), p. 656-657。

56. Chaison, G., and Rose, J. B. (1991). Continental divide: The direction and fate of North American unions. *Advances in Industrial and Labor Relations*, 5, pp. 169-205.

57. The Labor-Management Reporting and Disclosure Act, 73 Stat. 519 (1959).

58. 关于该协议最早也是最具有影响力的讨论之一是 Edwards, R., and Podgursky, M. (1986). The unraveling accord: American unions in crisis. In R. Edwards, P. Garonna, and F. Todtling (Eds.), *Unions in crisis and beyond: Perspectives from six countries*. Dover, MA: Auburn House, pp. 14-60。

59. Strauss, G. (1995). Is the New Deal collapsing? With what might it be replaced? *Industrial Relations*, 34, p. 342.

60. Chaison and Bigelow (2002), p. 22.

61. Chaison and Bigelow (2002), p. 22.

62. Chaison, G. N., Bigelow, B., and Ottensmeyer, E. (1993). Unions and legitimacy: A conceptual refinement. *Research in the Sociology of Organizations*, 12, p. 152.

63. Rogers, J. (1993). Don't worry, be happy: The post-war decline of private sector unionism in the United States. In J. Jensen and R. Mahon (Eds.), *The challenge of restructuring: North American labor movements respond*. Philadel-

phia: Temple University Press, p. 59.

64. Rose, J. B., and Chaison, G. N. (1985). The state of the unions: United States and Canada. *Journal of Labor Research*, 6, pp. 97–111.

65. Chaison, Bigelow, and Ottensmeyer (1993), p. 142.

66. Kochan, T. A., McKersie, R. B., and Capelli, P. (1984). Strategic choice and industrial relations theory. *Industrial Relations*, 23, p. 18.

67. Chaison, G. N., and Dhavale, D. G. (1990). A note on the severity of the decline in union organizing. *Industrial and Labor Relations Review*, 4, pp. 366–373; Chaison and Rose (1991).

68. Rose, J. B., and Chaison, G. N. (1996). Linking union density and union effectiveness: The North American experience. *Industrial Relations*, 35, pp. 78–105.

69. Chaison and Rose (1991), p. 182.

70. Rose and Chaison (1996), p. 89.

71. Rose, J. B., Chaison, G. N., and de la Garza, E. (2000). A comparative analysis of public sector restructuring in the U. S., Canada, Mexico and the Caribbean. *Journal of Labor Research*, 21, pp. 601–625.

72. Rose, Chaison, and de la Garza (2000).

73. Kochan, Katz, and McKersie (1986), p. 39.

74. Hirsch, B. T., and Macpherson, D. A. (2004). Union membership. www. unionstats. com.

75. Rose, J. B., and Chaison, G. N. (2001). Unionism in Canada and the United States in the 21st century: The prospects for revival. *Relations Industrielles/Industrial Relations*, 56, pp. 34–64.

76. Quoted in Rose and Chaison (2001), p. 42.

77. Jarley，P.（2002）。作者认为："几乎没有人会质疑美国工会再次处于变成无关轻重的社会力量的边缘之上的事实。相关学者与劳动实践者严重担忧美国工会将在 21 世纪的第一个十年中逐渐湮灭无闻。"（p. 203）。

第二章

# 工会的组织结构与发展

当人们谈到工会时，通常指的是最广泛意义上的工会。不论是支持还是反对，人们对工会的印象一般是像卡车司机工会或者钢铁工人工会这样全国性的工会组织，而不是数以千计的地方工会分支机构，然而大多数工会活动恰恰是在地方层面上进行的，同时会员实际上也是在这里感受到工会的。公众还喜欢将工会类别化，把它们称为制造业工会、政府雇员工会或者白领工会，好像这些工会只接受一种类型的会员，然而事实并非如此。

有许多对工会一知半解的说法——例如，最大的工会最有实力或者工会不再发展的原因是工人对工会没有兴趣了——我们不去质疑这些说法，因为它们似乎在简化了的工会的世界里显得很有道理。本章描绘了工会复杂多样的面貌，并提出疑问：工会是为什么且如何发展或者衰落的？尽管许多人倾向于认为，工会组织之间区别不大，但实际上工会是社会中最复杂的组织之一。[1]

## 工会的组织结构

### 全国性工会

全国性工会是代表多个地方工人的工会组织，尽管他们可能并不真的是全国范围的组织并在所有的州都有会员。许多工会在名称里使用“国际（international）”这个词［例如，服务业雇员国际工会（the Service Employees International Uinon）或者国际码头及仓储工会（the International Longshore and Warehouse Union）］来表明它们拥有美国之外的会员。这实属用词不当，或许“大陆（continental）”这个词会更加恰当。这些国际工会的会员来自美国和加拿大两个国家。2004 年，在 46 个国际工会组织中，有 120 万加拿大会员，占加拿大所有工会会员人数的 28%。在加拿大开展活动的国际工会组织中，最大的要属美国食品和商业工人联合会（the United Food and Commercial Workers，18.8 万加拿大会员）、美国钢铁工人联合会（United Steelworkers of America，18 万加拿大会员）、卡车司机国际兄弟会（11 万加拿大会员）以及服务业雇员国际工会（8.4 万加拿大会员）。许多国际工会只有少量的加拿大会员，其中大约一半只有不到 1000 名加拿大会员。

全国和国际工会组织在给自己命名时使用了许多词汇，包括协会（association）［如美国民航飞行员协会（the Air Line Pilots Association）、全国信差协会（National Association of Letter Carrier）］，同业公会（guild）［如演员公会（the Screen Actors Guild）、美国编剧公会（the Writers Guild）］、联合会（federation）［如美国电视和广播艺术家联合会（American Federation of Television and Radio Artists）、美国教师联合会（American Federation of Teachers）］以及兄弟会（brotherhood）［如卡车司机国际兄弟会（International Brotherhood of Teamsters）、国际电气工人兄弟会（International Brotherhood of Electrical Workers）］。虽然许多工会简单地称自己为工会（union）[如联合运输工会（the Amalgamated Transit Union）、服务业雇员国际工会]，但也有一些工会在名称中不使用任何带组织色彩的词［如美国钢铁工人工会（United Steelworkers of America）、美国通信工人工会（the Communications Workers of America）］。每个工会的名称都反映了其历史与传统。如一些早期的工会组织是以熟练工行会或者兄弟会的形式出现的，这些都反映在其目前的名称中，由地区组织联合成立的工会喜欢用“联合会”而非“工会”这个词。一些通过合并成立的工会在名称中有“联合”（Amalgamated）这个词。一些工会会在名称中一一列举会员的行业或职业［如锅炉工、造船工、铁匠、锻工和助手国际兄弟会（International Brotherhood of Boilermakers，Iron Ship Builders，Blacksmiths，Forgers and Helpers）］，但其他工会的名称却简洁明了［如国家海员工会（National Maritime Union）］。然而，无论怎样称呼自己，只要是作为其部分或全部成员谈判代理人的组织，都属于工会。

美国的工会既高度集中，也非常分散；既有许多小型工会，也有一些非常庞大的工会组织。这些大型工会的会员数量占工会会员总数的很大一部分。表 2.1 显示了全国工会的规模分布。2001 年，有四家工会拥有超过 100 万的会员：服务业雇员国际工会（160 万），卡车司机国际兄弟会（140 万），美国食品和商业工人联合会（140 万），美国州、县、市政雇员联合会（130 万）。[2] 这四家工会合计有 570 万会员，占到了全国工会会员总数的三分之一。同时，在 65 个全国与国际工会中，有 28 个工会只有不到 5 万会员，会员总数还不到全国工会会员总数的 4%。

**表 2.1 2001 年全国工会的规模分布情况（劳联–产联成员）①**

| 工会规模（人） | 工会数量 | 占工会总数的比例（%） | 占会员总数的比例（%） |
|---|---|---|---|
| 少于 10000 | 8 | 12.3 | 0.2 |
| 10000—24999 | 9 | 13.8 | 1.1 |
| 25000—49999 | 11 | 16.9 | 3.0 |
| 50000—99999 | 12 | 18.5 | 6.8 |
| 100000—499999 | 17 | 26.2 | 29.2 |
| 500000—999999 | 4 | 6.2 | 22.4 |
| 1000000 以上 | 4 | 6.2 | 37.4 |
| 合计 | 65 | 100.1② | 100.1③ |

数据来源：Gifford，C.（Ed.）.（2003）. *Directory of U. S. labor organizations, 2002 edition.* Washington，DC：Bureau of National Affairs.

说明：劳联–产联的成员工会为我们提供了一个很好的全国性工会规模分布的近似值。除了加利福尼亚教育雇员协会（12.9 万会员）以外，其他的劳联–产联成员工会都属于全国性工会。本表中并不包括加利福尼亚教育雇员协会的会员数据。在 2001 年，仅有全国教育协会（253 万会员）和木匠联合兄弟会（52 万会员）两个重要工会不属于劳联–产联。

是否存在一个规模标准，如果工会一旦小于这个规模就没有了影响力？许多人认为，工会的会员数量如果少于 5 万人，那么它就很难开展组建和罢工活动，而且也无法开展有规模经济效应的运作（例如，工会由于规模太小不能向会员提供广泛的服务）。[3]

---

① 本表中的数据包括国际工会的会员数，但只统计美国的工会会员。

② 由于四舍五入的缘故，总数不是 100。

③ 由于四舍五入的缘故，总数不是 100。

除非这些工会能够通过组建活动得到发展（大多数工会做不到这一点），小型工会应当考虑与其他工会合并来抵抗大型雇主的压力。例如，服务业雇员国际工会（美国最大的工会）的主席，同时也是美国最有影响力的劳工领袖——安德鲁·斯特恩（Andrew Stern）指出，小型工会徒劳无益，应当将它们合并为15—20个大型工会，每一个工会都覆盖一个主要的行业。[4]

然而，对小型工会的反对意见并不总是正确的。如果小型工会较为专注（只就少量集体协议开展谈判，或者只代表有限区域的少数专业群体），或者代表了本行业或本职业的绝大多数工人，或者吸收了较大生产或运输流程中的关键工人群体入会，那么它们也可以是十分有效率的。美国民航飞行员协会（4.6万会员）[5]和音乐家工会（1.2万会员）非常有实力，因为它们都把某一类精通专业、不可替代的工人群体中的大多数组织了起来。警察群体的各个工会（巡警慈善协会）每一个都只有不到50000名会员，但却都是强有力的谈判者和游说者，其原因就是它们代表了各自城市的所有警察。毫无疑问，美国棒球大联盟球员协会（the Major League Baseball Players Association）是所有工会中最强大的工会组织之一，它仅有1200名会员，但它将整体行业全部组织了起来，可以用一次罢工让这个行业停摆。2002年9月在美国西海岸码头发生的劳资纠纷每天造成的损失近10亿美元，但其中所涉及的工会——国际码头和仓储联盟，只有35000名成员。[6]

简言之，关于工会的规模，没有固定不变的标准——一些小型工会可以非常强大，一些大型工会也可能十分虚弱。例如，服装纺织工会（UNITE）在2004年与酒店餐饮工会合并之前大约有20万会员，但由于其核心行业面临着国外和未建工会企业的竞争，因此它在组建和谈判活动中的能力被严重削弱了。也有一些小型工会，被禁锢在日渐衰败的行业或职业，无法扩张到正在发展的行业之中。诸如列车调度员、制桶工人、座套工人、陶工、制帽工人、珠宝工人等高度专业化的工会组织，由于规模太小，又没有机会扩大规模，最终只能走向消亡（通过合并）。[7]

### 地方无附属关系的工会（或地方独立工会）

地方无附属关系的工会或地方独立工会（名称可以互换使用）是全国性工会的一个替代选择。它们在地区、公司或者工厂的范围内成立，与工会联合会没有从属关系。它们的具体会员数量不为人知，但有一本工会词典在1998年列举了1200个工会组织，这个数字现在估计变化不大。[8]

需要注意区别地方独立工会与雇主控制的御用工会（company union），后者是指由雇主主导的工会组织，这类工会不能独立地代表工人，也无法开展与雇主保持合理距离的协商谈判。许多御用工会以雇员代表计划或者劳动委员会的形式出现于20世纪20年代，其目的是解决相关问题、处理投诉建议、进行管理咨询，而不是就工人工资或者就业条件问题开展谈判。还有更多的御用工会成立于20世纪30年代，当时雇主为了应对赋予工人入会权利的法律（1933年的《国家工业复兴法》），组建了可由公司控制的“内部”工会。到1935年，大概有200万工人隶属御用工会。然而，根据1935年通过的《瓦格纳法案》（《国家劳动关系法》），如果劳动者或全国性工会反对御用工会的存在，政府将取缔由雇主控制的工会组织。许多御用工会因此解散，其他的则通过断绝与雇主的关系，开展集体协议谈判，转变为地方无附属关系的工会。[9]

虽然许多工会主义者认为，地方独立工会并非劳工运动的核心构成，但是这些小型工会通常可以有效代表工作场所的工人群体，并且能够与其会员保持令人自豪的紧密联系。其中一些工会甚至有能力挑战大型的全国工会。例如，在2003年，西北航空公司的空乘人员投票驱逐了为其服务了26年的卡车司机工会，代之以一个小型的、专业化的工会组织——美国专业空乘人员协会（the Association of Professional Flight Attendants）。他们认为，加入一个只由空乘人员构成的工会，能够更加有力地参与集体合同谈判。[10] 大约在同一时期，联合航空公司的技工将其原来的代表者技工国际协会（the International Association of Machinists）变更为一个小型的独立工会——航空机械师兄弟会（the Aircraft Mechanics Fraternal Association）——因为后者看起来与他们的需求更加合拍，而且也有意愿去抵制雇主对让步的要求。[11]

一些地方独立工会局限于一个单独的企业甚至一个单独的工厂之中［例如，杜邦工人国际兄弟会（the International Brotherhood of Dupont Workers）、联合技术公司独立消防/安全主任协会（the United Technologies Corporation Independent Fire/Security Officers Association）和西屋工薪雇员协会（the Association of Westinghouse Salaried Employees）］。[12] 还有一些地方独立工会专属于其创建者（工人）的行业或职业，或者专为这些工人的利益和信念服务［如拥有1800名会员的基督教劳工协会（the Christian Labor Association），以及拥有4600名会员的全国天主教学校教师协会（the National Association of Catholic School Teachers）］。[13]

### 地方分会与中间机构

地方分会是全国性工会组织最低一级的分支机构。地方分会可以组建于一个工厂（如得克萨斯州阿灵顿通用汽车工厂的联合汽车工人工会第246号分会），也可能组建于某个地理区域（如木工工会第107号分会，覆盖了马萨诸塞州伍斯特市所有的木工工会）。一些地方分会采取了联合或一般的组织形式，其会员包括一个地区数个小型工厂或商店的工人。这些小型工厂或商店由于规模太小，不能成立单独的分会（如卡车司机工会第170号分会的会员分布于食品杂货店、小包裹快递、建筑及啤酒软饮等行业，其中还包括地方政府）。

美国有超过3.3万个地方分会。[14] 这些分会的会员规模从数千名（如大型汽车组装工厂或钢铁厂的分会）到不足100名（如小厂小店或者学校的分会），大小不一。每个工会拥有分会的数量多少主要取决于各个工会的传统以及行业或职业的结构，而不是全国工会本身的规模。例如，服务业雇员工会有160万会员，却只有305个地方分会；许多分会覆盖了一个地区所有的服务业雇员。钢铁工人工会有60万会员，却有1900个地方分会，其中大多数分布在单独的工厂或办公室。美国教师联盟有70万会员，但是因为该工会在学校或教育系统组建了独立的地方分会，其分会数量达到3000个。[15]

地方分会属于典型的工会结构。会员在地方层面获得了他们的工会体验。他们对自己所在工会乃至整个工会的感受，来自他们对地方分会活动的印象。如果他们认为自己所在的地方分会运行很有效率，那么他们通常也会以为所有的工会都很有效率；如果他们所在分会的领导人无能腐败，他们也会觉得天下乌鸦一般黑。工会会员正是在地方一级参加工会会议，担任相关委员会的委员（如处理投诉或准备谈判），缴纳会费并为他们的第一个工会办事处开展竞选活动。

分会自治，即地方分会决定自我运作方式的权力，永远是一个棘手的问题。地方分会的会员和工会官员也许想要很大程度的自主性——他们称为“免于全国工会干预的自由”——但全国总部可能认为有必要密切关注地方事务，以加强管理与协调。关于分会自治这一问题，我们需要永远记住，地方分会是全国工会的创造物，而不是相反。一些地方分会在集体谈判与行政管理方面享有相当大的自由，但这在很大程度上是工会传统以及谈判层次的问题（例如，当建筑行业或地方工会的集体谈判按其本来应当的样子，在地方一级进行的时候，地方分会可以行使大部分的自主权）。但全国总部永远有能力限制地方的自治——他们可以要求地方工会未经批准时不得举行罢工活动，不得确定会费缴纳标准或设计一套自己的官员选举办法。集体协议通常都需要经过全国总部的批准，以免偏离一般模式。地方分会受到上级工会章程的约束。全国工会总部如果认为地方分会的管理出现了腐败问题或者在代表方面严重缺乏效率，或者违反了本会章程（例如，在没有授权的情况下号召工人罢工，或者在吸收会员时有歧视问题），就可以托管地方分会，即暂停地方分会的自治并更换其工会官员。

中间机构是处于全国工会总部与地方分会之间的工会结构。例如，美国钢铁工人联合会有12个按区域划分的地区和2个行业部门——橡胶与塑料行业会议（代表被钢铁工人工会吸收的联合橡胶工人工会的前会员）和铝、砖与玻璃工人部（也是代表被钢铁工人工会吸收的工会组织）。[16] 服务业雇员工会有四个部：健康护理部、公共服务部、建筑服务部以及工业和同盟部。[17] 国际码头工人协会根据码头的位置设置了大西洋海岸、大湖、南大西洋和墨西哥湾沿岸与太平洋沿岸等辖区。[18] 美国民航飞行员协会划分成了不同的“飞行员团体”，分别负责该协会代表其飞行员的42家美国和加拿大航空公司。[19]

和地方分会类似，中间机构也可以拥有很大的自主权以及自己的职员和会议。他们可以负责设定谈判的优先事项，批准罢工和集体协议，特别是当他们是其上级工会内部的行业或公司部门时，他们有权协调工会组建以及政治活动。

如果说设置该中间机构的目的是安置并入大工会的小型工会的官员、员工及会员的话，那么这些机构将会成为近乎自治的组织，因为这种安排正是为了使兼并协议获得通过而设置的诱饵。

大型工会发现，如果将小型工会设置为中间机构，不变动其地方分会和工会官员，可以很容易地兼并小型工会。[20]

## 劳工联盟

劳工联盟——美国劳工联合会和产业工会联合会（劳联-产联）是一个拥有56个全国工会组织、1300万会员的自愿性质的协会。[21] 劳联-产联负责协调工会组建活动、谈判活动以及政治行动；禁止成员工会在组建活动中相互袭击；作为工人利益的代言人，在各州和全国的立法过程中开展游说活动；与其他国家的劳工联盟保持联络（主要是为了执行国际劳工标准）；推进人权事业以及面向会员和非会员的培训项目；设计并宣传劳工运动的目标与优先事项（如改革劳动法律、反对国家间无限制的自由贸易、减少工作场所的歧视）。劳联-产联不是一个谈判代理机构，不会代表成员工会的会员开展集体谈判。虽然它会鼓励其成员工会开展组建活动并提供协助，但它并不是工会组建活动的主要负责者。[22]

工人并不隶属劳联-产联，他们加入的是劳联-产联的成员工会。有关劳联-产联限制性角色的讨论经常将其与联合国成员国的状况作类比。斯隆（Sloan）和威特尼（Witney）流传较广的教科书曾经做过这样的比较："全国工会与劳工联盟的关系同联合国与其成员国的关系很像。各国不是必然从属于联合国，任一国家都可以在任何时间以任何理由退出这个国际组织。同样，联合国也无权决定其任一成员国的内部事务，诸如税法、外交政策、军事机构规模或者其他任何事务”。

劳联-产联每月向其成员工会收取每位会员 53 美分的税款。由成员工会选择产生的代表组成代表大会，每 4 年举行一次会议，负责联盟的治理。代表大会有权修改工会章程、通过相关决议、制定范围广泛的政策和工作目标并选举工会官员——包括联盟主席、秘书财务长、执行副主席及 51 位副主席。这些人组成劳联-产联执行委员会，负责指导联盟日常工作，决定行政和政策事项。执行委员会的成员，各成员工会的最高领导人，联盟各行业、各产业部门的负责人以及联盟所属各州机构 4 位代表组成了劳联-产联全体董事会（general board），负责处理执行委员会交办的诸如批准全国政治候选人等事项。[23] 劳联-产联还有一个由 17 位工会主席组成的执行委员会（executive committee），每月与联盟主席会晤一次，提供相关建议并支持和帮助联盟主席确定联盟的政策和优先事项。这个组织成立于 2003 年，目的是在工会与联盟之间保持比执行委员会（Executive Council）和全体董事会更加密切和频繁的联系。[24]

劳联-产联还有 4 个地区办事处（中西地区办事处在芝加哥、东北地区办事处在纽约、南部地区办事处在乔治亚学院公园、西部地区办事处在西雅图），另有 51 个州联盟（state federations）（包括波多黎各）主要负责处理政治活动事务，以及 570 个劳动理事会（Executive Council）——负责以地区为基础协调成员工会的地方或者区域组织分支机构。各个城市中的劳动理事会经常通过提倡消费者抵制活动、移民工人协会权利以及地方经济发展委员会等事项的社区联盟开展合作，在工会组建活动、政治行动以及支持罢工活动中日益活跃。[25]

联盟设有7个职业或产业部门（trade or industrial departments），负责协调成员工会之间的跨工会、跨地区活动（如建筑和工程行业部、金属行业部、食品及相关服务部以及专业雇员部）。联盟还设置了提供具体服务的中心（这些服务包括向会员提供团体福利项目，协助成员工会发展经济、开展培训，向成员工会的养老金计划提供不动产投资机会等）以及数个附属组织（如劳工学习中心，培训机构和工会优惠中心——指向劳动者提供法律援助、低成本信用卡等团体福利项目的机构）。[26] 2004年，联盟出于政治动员的目的，将入会和未入会工人以及社区联盟的居民联合起来组建了劳动美国（Working America），其既定目标是实现“好工作、强社区以及政府领导人正确的做事顺序”。[27]

关于联盟应当拥有多大权力这一问题，始终没有得到根本解决。一方面，人们既希望联盟向成员工会提供重要服务（如防止组建突袭，进行政治游说活动等），以对得起会员缴纳的会费。但联盟又必须小心谨慎，以免因指导工会组建活动、干预集体谈判而给人造成联盟要篡夺其成员工会角色的印象。它必须尊重成员的自主性（例如，它不能阻止成员工会举行罢工活动或者强迫其接受一项集体合同），但通常也不能容忍损害工会的行为（例如，让公然腐败的官员当选）。

最近，因为领导层——主席约翰·J.斯威尼、秘书财务长理查德·特拉姆卡（Richard Trumka）以及执行副总裁琳达·查韦斯-

汤普森（Linda Chavez-Thompson）——激进的领导风格，劳联-产联内部一直存在着严重的紧张气氛。斯威尼是服务业雇员工会的原主席，特拉姆卡是美国煤矿工人工会的副主席，查韦斯-汤普森是美国州、县、市政雇员联合会的原副主席。1995年，为了解决时任联盟官员的低效和被动工作问题，联盟选举他们作为改革的人选，组成了联盟新的发言团队。从那时开始，对联盟积极推动更大规模的组建活动（许多成员工会仍然认为组建工作属于工会的内部事务，联盟至多负责协调工会的组建工作），与民主党的密切联系（特别是考虑到民主党在2004年的败选），在参与关键立法中的无能表现（大多是关于对外贸易的限制）以及对提高会员参与度等重要工会事务的忽视等问题，就出现了相当多的批评意见。2005年，由服务业雇员工会主席安迪·斯特恩（Andy Stern）领导的5个工会团体，希望劳联-产联削减5000万预算用于附属工会的组建工作。一开始，联盟领导层通过提出自己的强化工会组建与政治活动的方案，承诺削减总部预算并向成员工会返还资金，成功应对了这一挑战。然而，由于联盟未能恢复工会的增长与影响力，这些持有不同意见的工会组织一直反复威胁要脱离劳联-产联。[28]

对于联盟的批评并不出人意料；总有一些人一直认为联盟做得太多，而另一些人则认为它做得太少。然而，当会员严重流失时，批评的声音大了起来。例如，虽然一些人认为，为了全体会员的利益必须进行工会合并，以终结那些无法开展组建活动并提高代表工作质量的无效小型工会，但许多的工会官员尖锐批评联盟推进小型工会合并的方案，他们认为这是对成员工会自治权不可原谅的侵犯。[29] 在另一个极端，成员工会正联合起来挑战联盟的领导，并要求联盟做更多的工作以振兴劳工运动、加快组建步伐。[30] 这一挑战可能导致联盟内部规模庞大且正在增长中的服务业和政府雇员工会（这些工会呼吁进行重大改革）与传统的产业工会（更加希望保持现状）的分裂。在这两者之间的，是面临合并压力又因规模不足无法影响联盟政策的较小的工会组织，他们只能期望联盟会继续尊重成员工会的自治。如果出现了更加苛刻和更有侵略性的新联盟领导层，可能会导致严重的分裂，出现由退出劳联-产联的工会组成的新联盟。这可能不会终止第一章中导致劳联分裂的管辖歧见，但会终结实现工会复兴的最佳路径。[31]

## 工会管辖

如上一章所说的那样，组织上的管辖范围是工会关于其有权在集体谈判中予以组织和代表的工作领域（job territory）的声明。工会章程中通常都有关于工会管辖的描述。[32] 一些工会列出了包含具体职业或行业的长名单，另一些工会则只有聊胜于无的空洞声明。例如，劳动者国际工会（the Laborers' International Union）的管辖范围实际上囊括了所有人，把多年来并入该会的所有工会（6个工会），任何根据劳联-产联和国家劳动关系委员会的决定而加入该会的工人，以及通过该会自己的组建和谈判活动吸收的工人全部列入了其管辖范围。也就是说，劳动者国际工会的管辖包括了所有已经加入它的工人以及可能加入它的工人。[33] 卡车司机国际兄弟会是总工会的缩影——该会的管辖没有任何限制，声称有权组织任何行业的任何工人。该会在宗旨声明的开头写道："本会的目标是在同一个准则下组织从事产业生产的所有工人。"[34] 其管辖声明宣称"本组织对所有工人都有管辖权"，并在其后列举了一些在其管辖范围内但并不局限于此的行业和职业。为了让所有人确切无误地认识到所有的工人都可以成为卡车司机工会的会员，条文的最后把"办公室、技术和专业雇员，医疗保健雇员，农业从业人员，公共部门雇员和工业就业者"包括了进来。[35] 通信工人工会的管辖也是没有限制的，但对此尽可能直接、明白地做了说明："本会对所有的通信工作及从事此工作的人员拥有管辖权。本会还包括那些想加入本会的工人，而不论其工作领域如何。本会的管辖不受地理区域的限制。"[36] 美国钢铁工人联合会简单地将其会员资格扩展到"工会为其承担或意图承担集体谈判及其他责任的男性与女性劳动者"。[37] 与之相反，瓦工工会的管辖范围则相对狭窄，并列举了工作范围（如建设、架设、清洗、修理）和材料种类（如砖、混凝土、石膏、塑料）。[38]

美国州、县、市政雇员联合会的管辖超出了公共部门，但是超出范围有限。该工会将其会员资格确定为："任何州、领地、联邦、县、区、校董事会、市、镇、村、乡或其他公共当局，政府和当局的分部……准公共机构，公众、慈善、教育，公民性质的非营利性以及免税机构的雇员。"[39] 空乘人员协会非常专业化，其管辖范围被限定为"在商业航空运输中，任何被雇用为客舱机组成员的人员”。[40] 与之相反，具有无限管辖范围的办公室与专业工作者工会，在公共部门（如马萨诸塞州法院系统、田纳西州能源部门的雇员）与私营部门（如大学、疗养院和酒店的专业及文职人员）都有会员。同时，该会还附属了“医师、验光师、药剂师、足科医师、临床社会工作者、生物反馈从业者、针灸师、催眠师和直升机飞行员”等群体的组织。[41]

一些工会在其潜在会员与相近工会的会员之间划下了明确的管辖界限。例如，银幕演员公会（the Screen Actors Guild）只代表在好莱坞工作室制作电影以及胶片电视节目的演员，而录影电视节目的演员以及电视新闻记者、体育播音员和其他广播员则由美国电视和广播艺术家联盟（the American Federation of Television and Radio Artists）来代表。[42]

在前面的章节中，我们已经了解了工会管辖问题的历史重要性。工会组织常常在组织工人入会方式的问题上存在不同看法。例如，劳联的工会曾经要求其会员是从事特定职业的工人，产联的工会则要求工人属于特定产业而不考虑工人从事的职业。具有讽刺意味的是，曾经充满争议甚至可以导致劳工运动分裂的管辖问题，如今已经失去了其大部分意义。管辖范围通常只是关于工会组建企图的虚张声势的宣言，而不是实实在在的组建成就。为了能够吸收发展中的行业或职业（如医护人员或文职人员）的工人入会，工会有时也会对其管辖范围进行调整。工会开展组建活动时，很少考虑彼此的管辖问题，而是积极与需要工会代表的工人进行接触。[43]

虽然仍有少数工会只在狭窄的管辖范围内进行组建活动（如专业运动员和演艺人员工会），但大多数工会组织事实上会吸收所有工人入会。他们在代表一个群体时，只会问："这些工人的专业化程度是否如此之高，以至于必须雇用新的工作人员来帮助他们？这些工人能否成立一个与本会其他分会在地理上相近的地方分会，以便可以用合理的成本为之提供服务？"[44]

百余年来，工会领导人已然表明，有必要进行一场只保留数个大型工会，且每个工会分别代表一个重要产业的精简工会的运动。然而，这一想法永远也无法实现，因为太多工会组织的管辖范围已经非常广泛且相互重叠。近期一项研究表明，在美国 13 个主要行业中，每个行业都至少有 4 个工会有着显著的影响力，在 9 个产业部门中，每一个部门都有 6 个工会。[45]

工会使会员多样化的做法，与投资者分散其股票投资组合的行为大致相同。工会为降低风险，会努力避免在衰落行业拥有过多的会员或在同一时间进行谈判和罢工。工会通常通过创建不属于工会核心管辖范围的附属组织来实现会员的多样化。例如，寻求代表耶鲁大学教学研究助理的地方工会——研究生及雇员组织（the Graduate Student and Employees Organization）就是旅馆和餐厅雇员国际工会（Hotle Employees and Restaurant Employees International Union，HERE）的附属组织。美国州、县、市政雇员联合会通过哈佛大学文职及技术工人工会（Havard University Clerical and Technical Workers Union）来代表哈佛大学员工。同时，联合汽车工人工会的附属工会也曾经尝试在组约大学（成功了）和康奈尔大学（失败了）等几个大学校园里开展工会组建活动。[46]

在劳工运动的早期，工会和联盟曾经推动排他性管辖（exclusive jurisdiction）这一概念——每个行业或职业只应有一个工会的原则，以防止工会间的破坏性竞争。在劳联和产联相互竞争的20年间，由于两大联盟曾经不停组建工会以互相挑战，这一原则便失去了意义。当两个联盟在1955年合并为劳联-产联时，他们同意不改变各工会的管辖范围，并鼓励合并以减少重合问题，同时他们也同意，合并不应强制进行。今天，工会的管辖范围已经大为扩展，以至于曾经的职业工会和产业工会现在都变成了跨职业和跨产业工会（如木匠工人工会和钢铁工人工会），那些局限于私营部门的工会组织也吸收了一些公共部门雇员（如汽车工人工会和卡车司机工会）。[47]

### 工会合并[48]

工会合并的原因多种多样：为了结束会员流失并扭转财务困境；实行多样化的组建管辖并在新的行业或职业取得快速进展；在运营中获得规模经济效应，并提供诸如政治游说及法律援助等全系列会员服务；通过成为受联盟无突袭协议保护的附属工会而保护自己免于遭受组建方面的突袭；获得比传统工会组建方式速度更快、效率更高、成本更低的增长等。[49] 工会在推动合并时常常声称，工会规模就是越大越好（此前我们曾经讨论过这一错误的想法），合并后的工会将比原来的工会更加高效和强大。例如，当服装与纺织工会（Union of Needletrades, Industrial and Textile Employees, UNITE）和旅馆与餐厅雇员国际工会（HERE）的官员宣布其2004年的合并计划时，旅馆与餐厅雇员国际工会的主席谈道，“我们认为，将志同道合的工会联合起来，使其变得更大更强是明智的”。服装与纺织工会的领导人评论道，“合并后的工会将拥有巨大的财力和必要的资金，我们可以对抗任何雇主”。两个工会的官员都预测2004年的合并必将带来工会组建活动的大幅增加和工会的快速发展。[50] 与之类似，美国钢铁工人联合会与造纸、联合产业、化学和能源工会（Paper, Allied Industrial, Chemical and Energy Workers, PACE）宣布将于2005年进行合并时，钢铁工人联合会的主席宣称，“我们将通过谈判获得更好的集体协议，更好地代表我们的会员，由此可以更好地吸收新会员入会”。造纸、联合产业、化学和能源工会的领导人补充说，“我们相信，我们正在创造即使不是世界最强大也是美国最强大的产业组织”。[51]

对全国性工会而言，进行合并的方式主要有两种。一是联合（amalgamation），即两个或两个以上工会组织合并成一个新的工会。二是兼并（absorption），这是一种更受欢迎的合并形式，一个小型工会（被兼并的工会）并入比其更大的工会（进行兼并的工会）。被兼并的工会可以作为一个分部或者部门成为大型工会的一部分；这只会给工会章程带来很小的改变，大多数工会官员和职员都会被保留下来。只有被兼并工会的会员需要进行投票以批准合并协议，而进行兼并的工会通常会授权其官员利用兼并的机会，并且批准任何不会导致章程大幅修改的合并协议。与此相比，工会联合会创建有自己的官员、工作人员、章程、总部、会费和其他费用的新工会。由于联合中的工会将通过解散旧工会形成新工会，因此所有正在进行合并的工会的会员都必须同意合并协议。[52]

三是附属（affiliation），指地区工会如州雇员协会或地方独立工会等并入全国工会。大多数的大型国家工会之所以会协商形成附属关系，通常是为了在有组建潜力的领域确立其存在。一个特别活跃的工会是服务业雇员工会，在其主要发展时期的早期（1980 年至 1993 年），曾经有 47 个地方和区域工会与其有附属关系。其他重要的附属性工会还包括联合食品与商业工人工会（the United Food and Commercial Workers）和美国州、县与市政雇员联合会。[53]

工会愿意附属的原因与他们同意被兼并的原因很多是一样的。例如，2002 年 4 月，新泽西州由专业就业公司工人组成的工会组织——有 1700 名会员的专业行业和职业工人工会（Professional Industrial and Trade Workers Union），同意附属于机械师国际协会（the International Association of Machinists）。专业行业和职业工人工会的领导人表示，附属将增加其知名度，并将作为机械师国际协会的一部获得尊重，机械师国际协会还会帮助其承担法律与行政成本。在典型的附属合并中，归附的工会在得到行业所有新会员不论其工作地点如何都将成为该分会会员的承诺后，变成了大型工会的地方分会。[54]

在那些有大量地方独立工会的行业中，全国工会利用附属组织来巩固权力。例如，美国民航飞行员协会参与了将主要运输公司（如美国大陆航空公司）和其他公司（如美国联邦快递公司）的大量飞行员工会纳入附属关系的运动。[55]

附属这种形式为增强合并的吸引力，通常会给小型工会很多的自主权。例如，伊利诺伊州牙科卫生员协会（Illinois Dental Hygienists' Association）在附属美国教师联合会时，保留了为增强合并的吸引力，给小型工会很多的自主权，并通过向美国教师联合会的州分会付费获得其游说援助。[56]

尽管每次合并的细节不尽相同，但大多数进行合并的工会都经历了类似的程序。[57] 当工会官员认为工会合并利大于弊时，就会进行非正式的初步讨论。如果官员们同意合并，他们会要求本会的执行理事会委派一个委员会就具体的合并条款进行协商。如果是就联合进行协商，那就必须解决合并后新的工会管理机构的组成以及选举程序、新工会总部选址、工会地方分会合并、工会职员就业和补偿金、会员会费与其他费用、给予地方分会谈判和罢工权利等问题。关于兼并和附属的协商，则必须确定被大工会兼并或纳入附属关系的工会组织的地位、其官员的职务与权限、职员的就业连续性、会费与其他费用的调整等问题。

在任何有关合并的讨论中都会存在大量的争议性问题，因此除非有进行合并的巨大压力，否则达成合并协议将十分困难。合并的压力通常来自严重的会员流失或经济困难。有关合并的协商在成功前至少要经历两次失败（当然，由于工会不会公布其失败的合并协商，所以很难知道具体的失败次数）[58]。关于合并，总是会有反对意见。工会官员和工作人员将会抵制缩短其职业生涯、减少其补偿金和福利的合并。合并活动会唤醒工会内部的政治反对势力。现任官员支持合并，但其反对者会指责他们舍弃了工会的传统，为了空洞的许诺就终结了工会的生命。[59] 在政治性竞争存在的情况下，支持合并的工会官员与反对合并的挑战者之间的选举就变成了真正的选举战。

如果进行合并的意愿战胜了反对意见，同时合并协商顺利完成，就可以向工会会员或大会代表提交一份提议供批准。工会官员会努力说服会员，合并被批准后，工会的传统和自主性将会得到保持，而且，合并将会带来更加有效率的集体谈判和工会组建活动。例如，2003 年 6 月，美国火石玻璃工人工会（the American Flint Glass Workers）被美国钢铁工人联合会兼并，并成为后者新设立的玻璃行业大会的一部分。多年来，钢铁工人联合会为被其兼并的其他工会设立了相关的大会（conferences）。其中的橡胶和铝业大会原来就有钢铁工人联合会 6 年前兼并了的铝、砖和玻璃工人工会（the Aluminum，Brick and Glass Workers）的 2000 名会员，火石玻璃工人工会又为大会带来了 12000 名会员。在火石玻璃工人工会的一次专门会议上，92%的代表投票同意进行合并。他们认为，火石玻璃工人工会没有其他选择，因为在合并前的 18 个月，由于停工和闭厂，该会的会员已经由 1.9 万人减少到 1.2 万人。不裁减工作人员成为此次合并的条件之一。[60] 火石玻璃工人工会的负责人说道："我们的会员对于能够有机会加强我们在玻璃行业的谈判地位并增强我们的组织能力，感到非常兴奋。"[61]

由于合并，一些历史悠久的工会消失于世［如成立于 1852 年的国际印刷工会（the International Typographical Union）在 1987 年并入了通信工人工会（the Communications Workers）］，同时一些大型的工会组织也得以产生［如两个工会合并形成了有 120 万会员的美国食品和商业工人联合会（the United Food and Commercial Workers）］；合并已成为传统组建工作之外增加会员的重要方式（如快速发展的通信工人工会、服务业雇员工会和美国州、县和市政雇员工会兼并或接纳了众多的小型工会组织）。[62] 尽管合并具有重要的历史意义，但合并是基于工会官员和会员对合并可能带来的收益与损失的认知而做出的务实的决定。工会关于是否合并的决定是完全自愿的。联盟无法强迫工会进行合并，那样会违背附属工会的自主性。联盟所能做的最多是鼓励小型附属工会或其他管辖重合的工会进行合并，并在这些工会决定合并时在合并协商和竞选活动方面提供协助。一直以来，一些学者和劳工运动领导人就希望实施一项宏伟计划，通过一系列的工会合并，组建 12—20 个以行业为基础的大型工会以简化劳工运动。然而，是否进行合并是工会内部的事，是由工会官员和会员的自身利益决定的。[63]

表 2.2 表明了全国工会进行合并的形式与频率。直到最近一个时期（2000—2004 年），工会合并一直保持增长的势头，其原因是大型工会由于工会会员减少以及工会组建活动费用昂贵，增长乏力，于是转而将合并作为谋求发展的策略（本质上，是以招募工会来代替招募会员）。小型工会也开始怀疑，如果不变成大工会的一部分，能否停止衰败的脚步。[64] 由于通过兼并协商确定小工会

在大工会中的位置比解散两个或两个以上工会而组建一个全新的工会（联合的程序）更加容易，因而兼并成为最主要的合并形式。[65] 在最近一段时间，合并的数量下降了，其原因可能是剩下的全国工会中有可能进行合并的越来越少了（此前已经进行了那么多次合并），以及越来越多的全国工会转向通过附属而非兼并来谋求快速发展——附属工会作为地方分会更容易在合并后的工会中得到妥善安置。

最后，我们应当认识到工会合并的局限性。虽然推动合并计划或者合理化劳工运动的工会官员有一些说辞，但是工会合并实际上很少解决那些导致合并的问题。

合并是对（工会）危机的反应，却不是解决工会危机的决定性力量。例如，合并无法让日渐衰落的行业重获生机，无法增强劳动者加入工会的意向，无法改变国外对制造业的进口渗透或者阻止雇主退出集体谈判以及抵制工会扩张……对小型工会（被兼并的工会）而言，合并并不是从冗长的可选项列表中选出来的，而通常是为了减缓衰落及解体的趋势、避免工会官员的失业以及丧失对会员的代表性，而采取的成本最低、最快的替代选择。对大型工会而言，与其他大型工会或者（兼并）小型工会联合，意味着可以更好地度过困难时期，更有可能在不进行工会组建的情况下获得新会员，并保存有效、可用的组织以待环境改善之日。[66]

表 2.2　全国工会合并的频率与形式（1955—2004 年）

| 时　期 | 联　合 | 兼　并 | 合并总计 | 年度平均 |
|---|---|---|---|---|
| 1955—1959 | 3 | 6 | 9 | 1.8 |
| 1960—1969 | 5 | 19 | 24 | 2.4 |
| 1970—1979 | 6 | 21 | 27 | 2.7 |
| 1980—1989 | 4 | 31 | 35 | 3.5 |
| 1990—1999 | 2 | 36 | 38 | 3.8 |
| 2000—2004 | 1 | 6 | 7 | 1.4 |
| 合计 | 21 | 119 | 140 | 2.8 |

数据来源：1955-1999：Chaison，G.（2002）. Union mergers and union revival：Are we asking too much or too little? In L. Turner，H. C. Katz，and R. W. Hurd（Eds.），*Rekindling the movement：Labor's quest for relevance in the twenty-first century*. Ithaca，NY：Cornell University Press，pp. 238-255，Table 10-1；2000-2004：Bureau of National Affairs，*Daily Labor Report*，various issues.

## 工会发展与衰落

### 工会会员与工会密度

表 2.3 中有关会员特点、行业和职业的数据，显示了工会会员数和工会密度（领取工资和薪水的工人中加入工会者的比例）。工会密度是工会力量强弱的指标之一——表明了工会在组织劳动者方面做得如何。[67]

虽然工会密度有所波动，但所有数据均比较低。尽管私营部门和公共部门的工会密度有很大差异，但总的来说，在领取工资的工人中仅有 12.5%是工会会员；其中，7.9%的私营部门工人加入了工会，而公共部门工人的入会比例则达到了 36.4%。这是由于两个部门的雇主对工会组建活动的抵制程度不同。如前所述，私营部门的雇主经常面临来自未建工会企业的激烈的竞争压力，因而会更加强烈地抵制工会，而公共部门的雇主则较少关心竞争的问题。同时，公共部门雇主对解雇工会支持者或者威胁停业的负面政治影响有清醒的认识，他们也无法采取将业务迁往海外这一私营部门在工会组建期间经常使用的威胁手段。[68] 然而，公共部门雇主可以通过简单地排除公共雇员组建工会的权利来避免工会化。印第安纳州和密苏里州政府就采取了这样的做法，如果其他州也这样做，那将极大地加速公共部门工会会员和工会密度的下降。[69] 由于公共部门雇主将政府工作承包出去（如将维护、安保等工作交由私人公司去完成）或者将一些业务私有化（如将监狱、医院或者水处理厂等交给私人公司运营），公共部门的会员数量一直在缓慢下降。

工会主义当然不是我们经济体的标志。没有任何一个行业的入会工人占多数。男性工人加入工会的比例要高于女性，然而与女性工人 11.1%的入会比例相比，也仅有 13.8%的男性工人加入了工会。黑人或非裔美国人的工会密度要高于白人、亚洲人、西班牙人或拉美人，然而他们的入会率也很低（黑人或非裔美国人入会率为 15.1%，白人为 12.2%，亚洲人为 11.4%，西班牙人或拉美人为 10.1%）。在那些我们通常认为是工会根据地的行业，工会密度低得惊人——采矿业为 11.4%，制造业为 12.9%，建筑业为 14.7%。

**表 2.3　工会会员数与工会密度（2004 年）**

| 特　征 | 会员数量（千） | 工会密度（%） |
|---|---|---|
| 性别 | | |
| 男 | 8878 | 13.8 |
| 女 | 6593 | 11.1 |
| 合计 | 15472 | 12.5 |
| 年龄 | | |
| 16 至 24 岁 | 890 | 4.7 |
| 25 至 34 岁 | 2982 | 10.6 |
| 35 至 44 岁 | 4173 | 13.7 |
| 45 至 54 岁 | 4771 | 17.0 |
| 55 至 64 岁 | 2390 | 16.8 |
| 65 岁及以上 | 264 | 7.5 |
| 种族 | | |
| 白人 | 12381 | 12.2 |
| 黑人或非裔美国人 | 2130 | 15.1 |
| 西班牙人或拉美人 | 1676 | 10.1 |
| 亚洲人 | 603 | 11.4 |
| 全日制或非全日制状态 | | |
| 全日制工人 | 14029 | 13.9 |
| 非全日制工人 | 1406 | 6.4 |
| 部分职业 | | |
| 管理 | 441 | 4.1 |
| 教育、培训及图书馆 | 2874 | 37.6 |
| 医疗从业者与技术人员 | 762 | 12.6 |

续表

| 特　征 | 会员数量（千） | 工会密度（%） |
|---|---|---|
| 医疗支持 | 290 | 10.4 |
| 销售 | 488 | 3.6 |
| 办公室与行政支持 | 2005 | 10.7 |
| 生产 | 1485 | 16.3 |
| 运输与物料搬运 | 1483 | 18.8 |
| 保护服务 | 1059 | 37.3 |
| 部分行业 | | |
| 私营部门工资工人 | 8205 | 7.9 |
| 农业 | 23 | 2.2 |
| 非农行业 | 8182 | 8.0 |
| 采矿业 | 57 | 11.4 |
| 建筑业 | 1110 | 14.7 |
| 制造业 | 2036 | 12.9 |
| 耐用品业 | 1316 | 13.3 |
| 非耐用品业 | 720 | 12.3 |
| 运输与公共事业 | 1218 | 24.9 |
| 运输和仓储 | 976 | 24.2 |
| 公共事业 | 241 | 28.4 |
| 批发零售贸易 | 1028 | 5.5 |
| 批发贸易 | 189 | 4.6 |
| 零售贸易 | 839 | 5.7 |
| 金融活动 | 171 | 2.0 |
| 专业与商业服务 | 246 | 2.3 |

续表

| 特　征 | 会员数量（千） | 工会密度（%） |
|---|---|---|
| 专业与医疗服务 | 1405 | 8.3 |
| 休闲和餐饮 | 319 | 3.1 |
| 政府雇员 | 7267 | 36.4 |
| 联邦 | 985 | 29.9 |
| 州 | 1751 | 30.7 |
| 地方 | 4532 | 41.3 |

数据来源：U. S. Department of Labor, Bureau of Labor Statistics.（2005）. *Union members in 2004.* Press release USDL 05-112, Table 3.

表 2.4 显示了受保障的非工会会员的情况——指那些虽然受集体谈判协议保障但没有加入代表其谈判的工会的工人。[70] 其中一些工人缴纳部分会费，即代理费（agency fee），用以购买代理其进行谈判的工会的服务，其数额从正常会费的二成到八成不等。其他工人则根本不缴纳任何会费。[71] 法律要求工会平等、公平地代表所有受集体协议保障的工人，无论他们是否为工会会员。工会通常会在集体协议中协商工会保障条款（union security clauses）——要求工人加入工会并缴纳会费，并以此作为持续就业的条件之一。尽管如此，仍有大约 160 万受保障的非工会会员，占工会会员总数的十分之一。在私营部门，受集体协议保障的工人中有 8.4%不是工会会员；公共部门因为通常禁止强制加入工会导致这一比例更高（10.6%），其中比例最高的是明确禁止强制加入工会的联邦就业。[72]

**表 2.4　纳入集体谈判协议保障的非工会会员情况（2004 年）**

| 所在部门 | 非会员数量（千） | 非会员占全部被保障工人的比例（%） |
|---|---|---|
| 私营部门 | 751 | 8.4 |
| 公共部门 | 863 | 10.6 |
| 联邦 | 168 | 14.6 |
| 州 | 210 | 10.7 |
| 地方 | 485 | 9.7 |
| 公私部门合计 | 1615 | 9.5 |

**数据来源**：U.S. Department of Labor，Bureau of Labor Statistics.（2005）. *Union members in 2004.* Press release USDL 05-112，Table 3.

表2.5显示了美国各州工会密度的情况。纽约州（25.3%）是唯一一个超过四分之一的工人加入了工会的州。州的规模或者工业化的程度对其工会密度没有影响。无论州大州小，是以制造业为基础还是以农业或服务业为主导，都有工会密度高低不一的情况。除了纽约州外，工会密度较高的州还有夏威夷州（23.7%）、密歇根州（21.6%）、阿拉斯加州（20.1%）、华盛顿州（19.3%）。工会密度最小的州包括北卡罗来纳州（2.7%）、南卡罗来纳州（3.0%）、阿肯色州（4.8%）、密西西比州（4.8%）和得克萨斯州（5.0%）。有一半的州工会密度小于10%。我们认为是工会根据地的一些州实际的工会密度却比较低，如宾夕法尼亚州为15.0%，俄亥俄州为15.2%，加利福尼亚州为16.5%，新泽西州为19.8%。同样，正如我们所预期的，南部各州由于工会传统薄弱，雇主强烈抵制工会组建活动，工会密度比较低，然而在

中西和西南各州工会密度也不高。

**表2.5　2004年美国各州的工会密度**

| 各　州 | 工会密度（%） |
| --- | --- |
| 亚拉巴马州 | 9.7 |
| 阿拉斯加州 | 20.1 |
| 亚利桑那州 | 6.3 |
| 阿肯色州 | 4.8 |
| 加利福尼亚州 | 16.5 |
| 科罗拉多州 | 8.4 |
| 康涅狄格州 | 15.3 |
| 特拉华州 | 12.4 |
| 哥伦比亚特区 | 12.7 |
| 佛罗里达州 | 6.0 |
| 佐治亚州 | 6.4 |
| 夏威夷州 | 23.7 |
| 爱达荷州 | 5.8 |
| 伊利诺伊州 | 16.8 |
| 印第安纳州 | 11.4 |
| 艾奥瓦州 | 10.5 |
| 堪萨斯州 | 8.4 |
| 肯塔基州 | 9.6 |
| 路易斯安那州 | 7.6 |
| 缅因州 | 11.3 |
| 马里兰州 | 10.9 |

**续表**

| 各　州 | 工会密度（%） |
|---|---|
| 马萨诸塞州 | 13.5 |
| 密歇根州 | 21.6 |
| 明尼苏达州 | 17.5 |
| 密西西比州 | 4.8 |
| 密苏里州 | 12.4 |
| 蒙大拿州 | 11.7 |
| 内布拉斯加州 | 8.3 |
| 内华达州 | 12.5 |
| 新罕布什尔州 | 9.9 |
| 新泽西州 | 19.8 |
| 新墨西哥州 | 6.7 |
| 纽约州 | 25.3 |
| 北卡罗来纳州 | 2.7 |
| 北达科他州 | 7.7 |
| 俄亥俄州 | 15.2 |
| 俄克拉何马州 | 6.1 |
| 俄勒冈州 | 15.2 |
| 宾夕法尼亚州 | 15.0 |
| 罗得岛 | 16.3 |
| 南卡罗来纳州 | 3.0 |
| 南达科他州 | 6.0 |
| 田纳西州 | 6.7 |
| 得克萨斯州 | 5.0 |

续表

| 各　州 | 工会密度（%） |
| --- | --- |
| 犹他州 | 5. 8 |
| 佛蒙特州 | 9. 8 |
| 弗吉尼亚州 | 5. 3 |
| 华盛顿州 | 19. 3 |
| 西弗吉尼亚州 | 14. 2 |
| 威斯康星州 | 16. 0 |
| 怀俄明州 | 8. 0 |

数据来源：U. S. Department of Labor, Bureau of Labor Statistics. (2005). *Union members in 2004*. Press release USDL 05-112, Table 5.

当我们观察其他发达国家的工会密度与集体谈判的覆盖率时，美国工会的困境变得更加明显。表 2. 8 显示，美国不仅在表中处于垫底位置（只有法国和韩国工会密度低于美国），而且那些工会密度低的国家可能依然有富有影响力的工会运动，因为这些国家的很大一部分劳动者都被集体谈判协议所覆盖（如法国工会密度仅有 10%，但 93%的劳动者被集体谈判协议覆盖；西班牙工会密度为 15%，但集体协议覆盖率却达到 83%）。当非会员劳动者自愿在其工作中适用集体协议条款，或者劳动法律不考虑劳动者的会员身份问题而将集体协议扩展到某个行业或者地区的所有工人，集体协议的覆盖率就能够远远超过工会密度。在不具备这些条件的地方，工会密度低则意味着集体协议覆盖率低（如韩国、日本和美国）。[73]

几个因素形成了表 2. 8 中出现的较高的工会密度（25 个国家

中有5个国家的工会密度超过了50%，10个国家超过了30%)。布鲁斯·威斯顿（Bruce Western）的一项比较分析表明，工会密度最高的国家往往有以下几个特点：一是有集中化的集体谈判体系（集体谈判在行业和地区层面进行，因此雇主难以避免与工会打交道）；二是工会参与失业保障体系的管理（因此工会可以与失业人员保持联系，同时在集体谈判之外发挥着重要的社会作用）；三是工会与推动工人利益的政党保持密切联系（保证立法或组建谈判活动对工会有利而非妨害工会）。[74] 美国工会并不享有这些条件或者可以将集体协议扩展到非会员，在表2.8中，美国排名较低（工会密度倒数第三，集体谈判覆盖率倒数第二）很明显地说明了这一点。

表2.6、表2.7与图2.1、图2.2和图2.3显示了多年来工会会员数量和工会密度的变化情况。急剧下降的趋势很明显。20世纪30年代，工会会员数量快速增长并持续到20世纪40年代，随后会员数量稳定下来，进而在70年代末、80年代和90年代急剧下降。私营部门会员数量下降的真实情况被公共部门的增长掩盖住了，然而当公共部门在20世纪90年代稳定下来时，下降的问题就表现了出来。自1980年以来，工会失去了超过500万的会员。从另一个角度看，这些表格和图表说明，工会的损失相当于7个汽车工人工会规模的大型工会消失了。

表 2.6　1975—2004 年美国私营部门与公共部门的工会会员数量和工会密度

| 年　份 | 会员数量（千） | | 工会密度（%） | |
|---|---|---|---|---|
| | 私营部门 | 公共部门 | 私营部门 | 公共部门 |
| 1975 | 13177 | 3601 | 21.5 | 24.8 |
| 1976 | 13614 | 3790 | 21.3 | 25.4 |
| 1977 | 14341 | 4995 | 21.7 | 32.8 |
| 1978 | 14125 | 5124 | 20.7 | 33.3 |
| 1979 | 15118 | 5868 | 21.2 | 37 |
| 1980 | 14332 | 5764 | 20.1 | 35.9 |
| 1981 | 13944 | 5190 | 18.7 | 34.3 |
| 1982① | | | | |
| 1983 | 11980 | 5737 | 16.5 | 36.7 |
| 1984 | 11684 | 5656 | 15.3 | 35.7 |
| 1985 | 11253 | 5743 | 14.3 | 35.7 |
| 1986 | 11085 | 5891 | 13.8 | 35.9 |
| 1987 | 10857 | 6056 | 13.2 | 35.9 |
| 1988 | 10702 | 6299 | 12.7 | 36.6 |
| 1989 | 10536 | 6424 | 12.3 | 36.7 |
| 1990 | 10255 | 6485 | 11.9 | 36.5 |
| 1991 | 9937 | 6632 | 11.7 | 36.9 |
| 1992 | 9737 | 3343 | 11.4 | 36.6 |
| 1993 | 9580 | 7018 | 11.1 | 37.7 |
| 1994 | 9649 | 7091 | 10.8 | 38.7 |
| 1995 | 9432 | 6927 | 10.3 | 37.7 |

① 本次调查没有包括 1982 年的工会会员数据。

续表

| 年份 | 会员数量（千） | | 工会密度（%） | |
|---|---|---|---|---|
| | 私营部门 | 公共部门 | 私营部门 | 公共部门 |
| 1996 | 9415 | 6854 | 10 | 37.6 |
| 1997 | 9363 | 6747 | 9.7 | 37.2 |
| 1998 | 9306 | 6905 | 9.5 | 37.5 |
| 1999 | 9419 | 7058 | 9.4 | 37.3 |
| 2000 | 9148 | 7111 | 9 | 37.5 |
| 2001 | 9141 | 7148 | 9 | 37.4 |
| 2002 | 8756 | 7351 | 8.5 | 37.5 |
| 2003 | 8452 | 7324 | 8.2 | 37.2 |
| 2004 | 8205 | 7267 | 7.9 | 36.4 |

数据来源：1975-2002：www.trinity.edu/bhirsch/unionstats.htm；2004：U.S. Department of Labor，Bureau of Labor Statistics，*Union members in 2004*，www.bls.gov/news.release/union2htm.

表 2.7　部分年份的工会会员数量与工会密度

| 年份 | 会员数量（千） | 工会密度（%） |
|---|---|---|
| 1950 | 14294 | 31.6 |
| 1955 | 16126 | 35.1 |
| 1960 | 15516 | 28.6 |
| 1965 | 18269 | 30.1 |
| 1970 | 20990 | 29.6 |
| 1975 | 22207 | 28.9 |
| 1980 | 20968 | 23.2 |
| 1985 | 16996 | 17.4 |

续表

| 年　份 | 会员数量（千） | 工会密度（%） |
|---|---|---|
| 1990 | 16740 | 15. 2 |
| 1995 | 16360 | 14. 9 |
| 2000 | 16258 | 13. 5 |
| 2004 | 15472 | 12. 5 |

数据来源：1950—2000：www. trinity. edu/bhirsch/unionstats. htm；2004：U. S. Department of Labor，Bureau of Labor Statistics.（2005）. *Union members in* 2004. Press release USDL 05-112，Table 1.

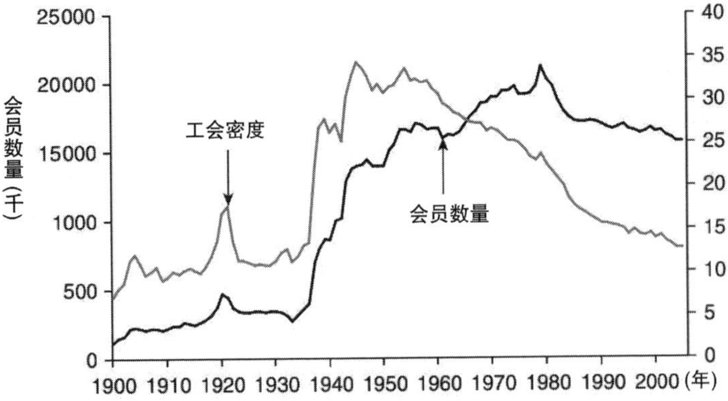


**图 2. 1　1900—2004 年工会会员数量与工会密度**

数据来源：1900—1995：Freeman，R. B.（1997）. Spurts in union growth：Defining moments and social processes. In M. D. Bordo，C. Goldin，and E. N. White（Eds.），*The defining moment：The Great Depression and the American economy in the twentieth century.* Chicago：University of Chicago Press，pp. 291-293；1996-2004：U. S. Department of Labor. Union membership，various years.

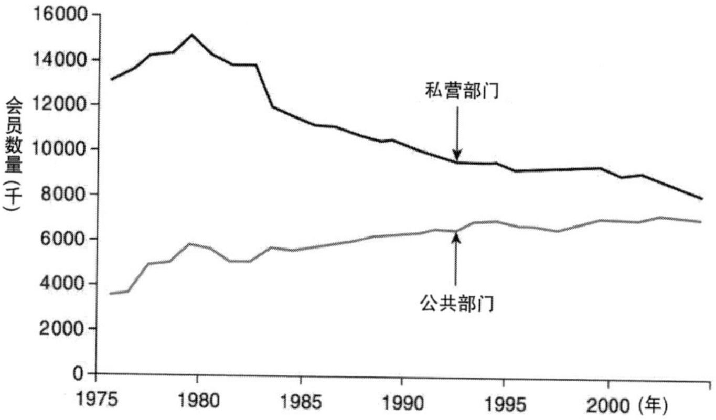


**图 2.2　1975—2004 年私营部门与公共部门的工会会员数量**

数据来源：1975—2002：www. trinity. edu/bhirsch/unionststs. htm；2003－2004：U. S. Department of Labor，Bureau of Labor Statistics.（2005）. *Union members in 2004*. Press release USDL 05－112，Table 1.

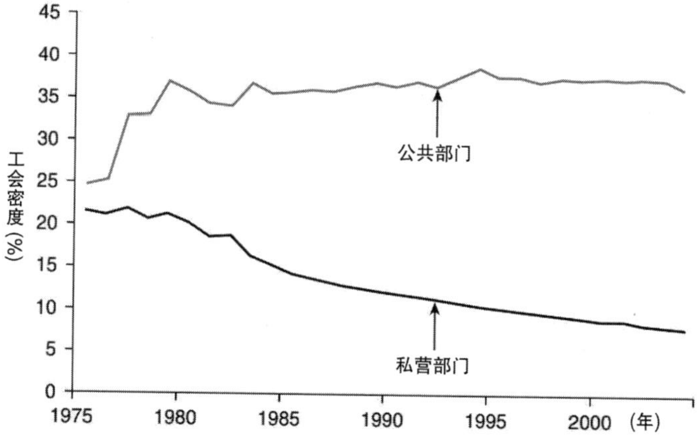


**图 2.3　1975—2004 年私营部门与公共部门的工会密度**

数据来源：1975—2002：www. trinity. edu/bhirsch/unionststs. htm；2003－2004：U. S. Department of Labor，Bureau of Labor Statistics.（2005）. *Union members in 2004*. Press release USDL 05－112，2005，Table 1.

**表 2.8　2003 年部分国家工会密度与集体谈判覆盖率（%）**

| 国　家 | 工会密度 | 集体谈判覆盖率 |
| --- | --- | --- |
| 瑞　典 | 81 | 93 |
| 芬　兰 | 76 | 93 |
| 丹　麦 | 74 | 83 |
| 比利时 | 56 | 93 |
| 挪　威 | 54 | 73 |
| 奥地利 | 37 | 98 |
| 斯洛伐克共和国 | 36 | 53 |
| 意大利 | 35 | 83 |
| 卢森堡 | 34 | 63 |
| 联合王国 | 31 | 33 |
| 加拿大 | 28 | 32 |
| 捷克共和国 | 27 | 28 |
| 澳大利亚 | 25 | 83 |
| 德　国 | 25 | 68 |
| 葡萄牙 | 24 | 83 |
| 荷　兰 | 23 | 83 |
| 新西兰 | 23 | 28 |
| 日　本 | 22 | 18 |
| 匈牙利 | 20 | 33 |
| 瑞　士 | 18 | 42 |
| 西班牙 | 15 | 83 |
| 波　兰 | 15 | 43 |
| 美　国 | 13 | 14 |

续表

| 国　家 | 工会密度 | 集体谈判覆盖率 |
| --- | --- | --- |
| 韩　国 | 12 | 13 |
| 法　国 | 10 | 93 |

数据来源：Organization for Economic Cooperation and Development.（2004）. *OECD employment outlook.* Chapter 3，Striking facts，chart 3.4，www.oecd.org/document/12/0，2340；en_ 2469.html.

注：数据四舍五入到百分比个位数。

### 工会发展与衰落的原因

美国工会发展与衰落的原因何在？这与工人为什么加入工会或者选择工会代表自己的问题有很大不同。工会会员总量的变化不仅仅是工人个体加入或退出工会的加总。在以下情形下，工会会员将会增加：

（1）工会成功开展组建活动，并达成第一份集体协议；

（2）在已有集体协议的地方，受保障的非工会会员决定加入代表他们的工会；

（3）已建工会企业雇用人数增加，且新雇用的工人加入工会；

（4）已建工会企业将集体谈判协议扩展到新企业的工人。

在以下情形下，工会会员将减少：

（1）已建工会企业因工厂关闭、引入新生产技术以及将工作转移到海外或者未建工会企业等原因导致雇用人数减少；

（2）工人决定不再接受其工会的代表并取消工会的谈判代理人资格（本质上是反向的组建活动）。[75]

我们可以将工会会员的增长与在跑步机上跑步作类比：一个

人必须以特定的步速走或者跑才能保持在同一个位置。工会会员要增长的话，那些有助于工会发展的因素必须强过导致工会衰落的因素。工会可以吸纳很多新会员，但是如果这仅能与失去的会员相抵消，那么工会将保持一个稳定的状态——既不增长也不下降。工会会员需要增长多快才能保持不进不退？理查德·B.弗里曼（Richard B. Freeman）总结说："为了平衡由于正常的企业生死及已建工会与未建工会工作场所的就业变化带来的会员流失……工会必须每年增加50万会员。要使工会密度提高一个百分点，工会必须吸收近100万新会员。（近年来每年增加的）新会员实际数据大概为15万多一点。"[76]

关于工会的发展与衰落问题已有大量的研究，然而一般共识认为，有四个主要的因素导致了工会的衰落：[77]

一是劳动力的结构性变化（structural shifts in the labor force）。许多人将工会会员人数的下降归咎于就业结构的转变。因为高度工会化的部门就业减少，而传统上非工会化的领域就业增长，因而工会会员数量理应下降，这看起来非常合乎逻辑。这一说法曾经以职业（生产岗位越来越少，技术工作越来越多）、行业（制造业岗位越来越少，服务业岗位越来越多）、性别（劳动力队伍中的女性越来越多）以及全日制/非全日制状况（越来越多的非全日制就业）等形式来表达。"传统观念断言，一些工人就是倾向于工会，同时另一些工人则并非如此，工会密度及工会会员数量下降，是因为吸纳大量劳动力的新兴行业的雇员缺乏入会的兴趣，同时传统的工会根据地的重要性日益下降。"[78]

尽管劳动力结构转变的解释既简洁又合乎逻辑，但其说服力并不是很强。关于工会会员数据的研究显示，结构转变仅仅说明了工会会员数量从四分之一到三分之一的减少。[79] 不仅如此，这一解释是基于一个缺乏支持的假设，即传统非工会部门的工人对工会有深切持久的反感情绪。历史记录表明并非如此。在上一章我们看到，在 20 世纪 30 年代的大规模生产工人以及 20 世纪 60 年代和 70 年代的公共部门工人中，都出现了急剧的工会化现象——这两个群体都曾经被认为是不易接受工会的。教师队伍是工会化程度最高的工人群体之一（53%加入了工会），[80] 但许多人曾经认为他们会是“工会抵制者”，因为老师是专业性的、公共部门的雇员，而且通常都是女性。同样，调查表明，工会化并未在现代劳动者中“失宠”——三分之一的未入会工人坚持说如果有机会，他们会投票支持工会代表。[81]

结构转变作为对工会发展与衰落的解释可能不是特别有说服力，但它确实让我们很好地感觉到了工会组建任务的艰巨性。劳联-产联 1998 年的一项调查发现，在就业减少的行业中，工人加入工会的比例达到了 20%，而正在增长的行业中，入会比例只有 9%，在增长速度最快的零售、商业和个人服务以及金融和保险等部门中，入会比例只有 5%甚至更低。[82] 该报告得出结论，如果工会要实现增长，就必须大规模增加工会组建活动，因为目前增长行业中增加的会员无法弥补工会会员的流失。回到我们之前使用的那个类比，那么工会目前的跑步速度比跑步机的运转速度要慢。

结构转变还表明了全球化对工会的巨大影响。由于工作岗位被美国企业转移到海外或者被成本较低的外国生产商拿走，工会化程度较高的行业的就业率就降低了。[83] 因此，工会承受了全球化的主要冲击。工会会员就业的减少让跑步机运转得更快了。

二是雇主的反对（employer opposition）。研究者始终将雇主的反对作为引发工会衰落的主要原因。如今，雇主的反对激烈又普遍，阻碍了工会组建工作的顺利进行，也增加了工会组建活动的成本。[84] 大约80%的雇主雇用了外部顾问来开展针对工会组建的抵制活动，同时让其管理人员向工人灌输工会的负面信息。近三分之一的雇主在工会组建期间解雇工会支持者。[85] 虽然法律明确禁止，但雇主在工人选择工会时以关闭工厂相威胁，在工人拒绝工会时则增加工资与福利等做法也变得相当普遍。布朗芬布伦纳（Bronfenbrenner）和希基（Hickey）一项关于工会组建的研究发现，1997—2002年，“绝大多数雇主通过威胁、解雇……单方面不定期改变工资与福利以及监控等综合手段激烈地反对工会开展组建工作的努力”。例如，在半数工会组建活动中，雇主曾经以部分或者全部关闭工厂相威胁，在四分之一的工会组建活动中，雇主解雇了支持工会活动的工人。这些手段很大程度上是有效的。在雇主激烈反对工会的情况下，工会的成功率下降了10%—20%。[86]

与此同时，一些雇主采取了温和但也同样有效的方式来抵制工会化。他们改善企业的沟通渠道，迅速发现并处理工人的投诉，并将工资和福利调整到已建工会企业的水平——所有这些都是为了减少工会对工人的吸引力，同时不给工人任何参与决策的法律地位。[87]

在过去20年间，雇主加强了对工会组建活动的抵制，因为他们认为工会和集体谈判给企业施加了限制性的工作规则，降低了企业的生产效率并提高了企业的劳动成本，最终束缚了企业在全球开展竞争的能力。他们为其抵制工会的做法辩解，认为只有不建工会的企业才能在长期的激烈竞争的环境中存活下来。

三是工会缺乏开展组建活动的愿望和能力（Unions' lack of desire and ability to organize）。虽然结构性转变与雇主的反对促成了工会的衰落，但工会自身无疑也应为其困境承担部分责任。工会未能有效回击雇主20世纪80年代的反工会攻势，在近20年的工会组建活动和集体谈判中过于保守。[88] 他们主要关注如何改进组建手段（说服工人投票支持工会），而不是在其能够最大限度地增强谈判能力并吸纳额外会员的行业中开展组建活动。[89]

劳联-产联的领导层已经告诫其成员工会要“培育组建文化”，对成员工会的组建活动进行协调，并确定了每年发展100万新会员的目标。[90] 一些工会领导人呼吁用5年时间建立一个20亿美元的劳联-产联组建专项基金。[91]

只有少数工会，可能只有五六个，开展了积极有效的组建活动。[92] 在高昂的组建成本——每个新会员大概需要2000美元，仅保持工会密度就需要大概10亿美元的条件下，这是可以理解的。[93] 工会会员持续减少的同时，工会承担着固定的成本（如维持总部运行和举行代表大会）以及在集体谈判和合同执行中为现有会员提供服务的成本。会员不愿为增加组建活动而批准更高的会费。结果，工会陷入了恶性循环——会员流失使工会缺乏开展新的组建活动的财力，而无法开展组建活动又导致进一步的会员流失。[94]

四是工会组建法律的失败（Failure of the law of organizing）。雇主的反对让工会的组建活动更加困难和昂贵，这使许多工会退出了组建领域。劳动法律的变革可以打破这个让工会惊恐的恶性循环。法律虽然无法直接导致工会的增长（工会必须自己开展组建活动），却可以为此提供条件。[95]

多年来，基于法律未能发挥预期作用的假设，已经出现了许多有关劳动法律改革的方案。[96] 现行劳动法律不是鼓励劳动关系双方进行集体谈判并保护那些选择进行集体谈判的工人，而是“把工会成立程序变成了墨守成规的事务，作为选举程序的一部分，企业和工会组织者在国家劳动关系委员会（National Labor Relations Board）和法庭面前激烈争斗”。[97] 法律应当抵制雇主在工会组建活动期间的不当行为，但在大多数情况下，事实并非如此。[98] 工会认证选举（下一节将详细讨论）已然成了雇主表达反对意见的讨论会，这一情况增加了工会为组建工作付出的时间与成本。雇主在组建期间解雇工会支持者的行为并没有被阻止，因为雇主只需要承担极少的补救责任——恢复工人的工作岗位并支付欠薪即可。这对于恐吓工人使其拒绝工会而言，只是很小的代价。法律要求雇主以善意与新获认证的工会开展谈判，但却未要求双方必须达成协议，而由组建活动驱动的敌意常常被带入初次谈判中（获得认证的工会中大概有三分之一无法达成其首份集体协议）。[99]

劳动法律改革的支持者要求对雇主的不当行为施加更严厉的处罚并加快工会组建活动进程，例如，可以规定工会提出申请后马上进行选举。[100] 一些工会领导人要求在做出新的组建努力前，进行劳动法律改革；另一些人则认为工会必须首先进行组建以获得改变组建程序所需的政治实力。[101] 在这场讨论中要明确的一点是，工会会员下降得如此之多又如此之快，工会不仅必须在组建活动中更加成功，而且必须更加积极主动。

## 工会怎样开展组建活动

工会开展组建活动的目的是获得工人充分的支持，以成为工人的谈判代理人并与雇主进行谈判。本质上，工会必须说服工人：由工会代表其进行谈判的所得大于所失。

如果工人对其工作条件和工资不满，或者认为他们作为个人无力改善境遇，他们就会受到工会代表的吸引。[102] 大多数工人是从实用角度来考虑工会主义问题的——评估并比较工会代表其进行谈判的成本与收益——因此，工会必须指出其在类似工作场所取得的谈判成果。[103]

雇主在组建活动中有一个天然的优势，因为他们与工人有持续的联系，所以只需要说服工人保持现状就可以——拒绝工会的代表并继续让雇主进行决策。因为认识到大多数工人都不愿选择改变，所以雇主将工会说成是只关心收会费、建立与管理层的敌对关系、进行不负责任且后果严重的罢工活动的“外部组织”。[104] 雇主还要求工人给其第二次机会，他们承认他们的行为可能已经引发了工人对工会化的兴趣，然后说，只要工人拒绝工会，他们就愿意改正。

在组建活动中，一些工人会很快地成为热切的工会支持者，另一些人则无论如何都会反对工会，其他的人则犹豫不定。工会组建活动的重点在这些犹豫不定的工人身上，需要将这些工人辨别出来并将其变成工会支持者。为了达到这一目标，工会组织者应当做的不仅仅是发放传单和举行会议，还必须与这些工人建立个人联系，并在工作场所确立工会的存在。[105] 工人必须感觉到他们实际上是在自我组织，并决定着工会在集体谈判中提出的主张。工会不能被视为外来者或者工作场所的闯入者。不仅如此，工人不能仅在原则上还必须在行动中对工会表示支持——他们必须对具体的工会及其组织者（union organizers）有好感。如果工会组织者和工会支持者（union supporters）的活动让工人认为是骚扰，只是为了让其投票支持工会，或者看起来过于倾向于罢工并且不尊重企业，那么工会组建活动就已经失败了。[106]

工会组织者负责协调组建活动。组织者是全职的工会职员，受过组织策略、劳动法、沟通技巧、谈判和劳工史方面的培训。他们是寻求工会代表的工人的联系人，也是负责在工厂内收集工会会员卡（union membership cards）的组织委员会的领导者。组织者鼓励附近工厂的工会会员，以及支持工会的地方社区的积极分子（如牧师和学生）参与组建活动。[107] 然而，运作整个组建活动超出了工会组织者及其盟友的能力范围，研究表明，如果组建活动想要取得成功，就必须有工人的广泛参与（让人接受工会主义的概念并出来投票）。[108]

工会主要有四种办法来组织工人并获得成为谈判代理人的资格：自愿认可（voluntary recognition），会员卡检查/中立（card check/neutrality），私下选举（private elections）和劳动关系委员会的认证（labor board certification）。[109] 在大多数组建活动的一些节点，工会会要求雇主自愿承认工会为谈判代理人并进入谈判。除非工会已经代表了雇主其他业务中的多数工人，否则工会并不期望得到雇主的自愿承认，而且实际上雇主也极少予以承认。如果雇主拒绝了工会的承认请求，那么工会就必须证明其得到了大多数工人的支持。有几种方式可以做到这一点。

在会员卡检查/中立的方式中，工会努力得到最有利的条件来表明工人对它的支持。他们向雇主施压，要求雇主在组建活动中保持中立；他们可以通过罢工、消费者联合抵制行动、在地方社区或股东中进行负面宣传、就劳动条件和薪酬歧视问题进行诉讼等方式威胁雇主，以达到这一目的。他们要求雇主接受以签字的会员卡作为工人支持工会化的证据，借此绕过劳动关系委员会的认证选举程序。工会会主张组建活动是他们与工人之间的事——不需要雇主的介入。只有工会才有证明其获得多数支持的义务（雇主不必这样做），而且他们应当有权用签字的会员卡而不是选举来证明其获得了多数工人的支持。[110] 雇主对于这个要求通常会回应说，相较于会员卡检查，无记名投票选举不存在胁迫问题，是测量工人偏好的良好指标，而且工人只有在听取了雇主方与工会方的意见后，才能作出明智的决定。雇主可能会声称他们是被工会骚扰才同意中立的，并把中立比作只听一面之词的“禁言令”。[111]

如果雇主看起来不会同意采用会员卡检查/中立的方式，工会就可能放弃对会员卡检查/中立的要求，并转而同意通过美国仲裁协会（the American Arbitration Association）等私人中立组织进行的无记名投票选举来证明自己获得了多数支持。投票可以在工作中进行，也可以通过邮件进行。

在全部工会组建活动中，采取私下选举和会员卡检查/中立的方式大概占了半数。这两种方式是在雇主无法抵御工会的时候使用的。例如，当雇主（如零售餐饮业的雇主）直接与公众打交道并且对消费者的联合抵制和负面宣传的威胁比较敏感时。[112]

获得谈判地位的最后一个办法是国家劳动关系委员会的认证选举程序。[113] 当工会提出谈判代理人申请时，国家劳动关系委员会将进行选举前调查，来决定该工会是否有管辖权（如询问工人是否受《国家劳动关系法》的保护[114]），申请的提交方式是否合适、及时，工会主张的谈判单位（由集体协议覆盖的工作岗位）是否恰当，以及工人对工会代表是否有重大权益。有重大权益的表现是至少30%的工人签署卡片授权工会在集体谈判中代表他们。

国家劳动关系委员会接受了工会的申请并发现有足够的雇员支持之后，工会和雇主才一致同意进行选举，即同意选举的时间和方式以及谈判单元包含的人员。选举将在随后的30—45天内举行。然而，如果雇主对选举申请提出异议。例如，质疑谈判单元的组成，那么将在国家劳动关系委员会确定的选举日前就这些未决事宜举行听证会。

认证选举是雇主与工会围绕工人无记名投票而展开的竞争。这一选举通常在工作场所和工作时间内进行（尽管在工人比较分散的情况下会通过邮件的形式进行）。选举的投票率很高，通常在90%左右，其原因是雇主和工会都努力让其支持者投票，所以这样的结果将是决定性的。工人们会被问道："为进行集体谈判，你是否希望由某工会代表自己?"然后在方格内表示同意或者不同意。为取得胜利，工会必须获得投票的多数——50%加1%。[115] 工会和雇主可以通过投诉不当行为（如其对手严重误导或者威胁工人）或对其认为不应投票的人的投票进行质疑等方式，就投票结果提出反对意见。如果工会赢得了选举，那么他们将被认证为集体谈判代理人，并向雇主送达开展谈判的通知。[116] 如果工会选举失败，他们至少一年内无法再次提出申请。

图2.4显示了通过选举进行的工会组建活动的下降情况。在20世纪70年代，年度选举数据相当高，但该数据在80年代早期剧烈下降，并自此保持在较低水平。工会组建活动的成功率变化不大，保持在40%—55%，即使在选举活动突然减少时也并没有随之下降。十有八九，工会发现他们保持胜率的唯一办法就是举行更少的选举竞争，也就是说，工会只有在感觉成功可能性较大的时候才把组建活动推进到选举阶段。尽管如此，工会的胜利并不可观，因为工会在组建活动中是主动的一方——由工会选择进行认证选举的时间和地点，然而他们只赢得了大概一半的选举。[117]

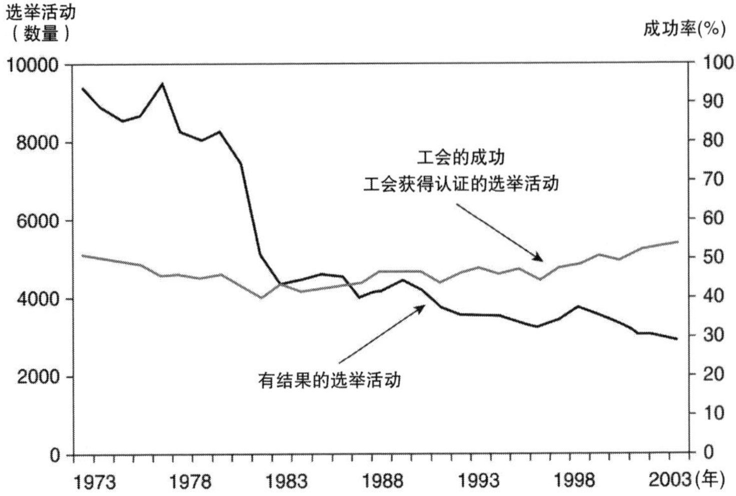


**图 2.4　1973 年至 2003 年全国劳动关系委员会工会代表权选举情况及工会成功率**

数据来源：U. S. National Labor Relations Board, *Annual reports for the Fiscal Years 1983, 1993 and 2003.* Washington, DC: Government Printing Office.

有一些证据表明，选举活动进行得也比较少，因为工会认为选举太慢、成本高昂且有争议，所以绕过了选举程序。一项分析发现，尽管服装与纺织工会（UNITE）、旅馆与餐厅雇员国际工会（HERE）这两个正进行组建活动的重要工会在 1997 年进行了 112 次代表选举，但在 2003 年只进行了 21 次，尽管他们通过开展组建活动增加了会员数量。两个工会的领导人都表示，在绝大多数的组建活动中，他们依靠的是会员卡检查这一方式。[118]

我们需要将组建成果纳入考虑范围。在过去几年里，工会每年通过代表选举方式获得的新会员不足 10 万。即使工会可以用一些办法通过其他方式获得同样的会员数量，也少于弥补会员流失所需会员数量（50万）的一半。必然的结论是，唯有大幅增加以各种方式进行的组建活动才能扭转工会的衰落局面。即使恢复到1982年以前的代表选举水平，也只能稳定住工会会员数量。对今天的工会而言，这一有关工会组织与发展的事实令人沮丧。如果工会会员再持续流失20多年，那时工会需要加强的地方可能就太多了。

## 结　论

我们对工会结构和发展的回顾表明了美国工会的两个主要特征：复杂与衰落。首先，工会是复杂的、多层次的组织，可能以不同的形式（如全国工会和地方独立工会）属于一个联盟；其次，进行从联合、兼并到附属等不同形式的合并；最后，最常见的是在组建活动中不再受到其会员管辖范围的局限。同时，工会总体上正在经历严重的会员流失问题。本章的图表显示了这一衰落的不同方面。之后的章节里，我们会讨论以下问题：工会要实现复兴，自身必须做些什么？未来的工会可能呈现怎样的面貌？

## 参考文献

1. Manon, H. (2004). Union membership in Canada, 2004. *Workplace Gazette*, 5, pp. 42-78。在过去20年中，由于面临加拿大部分脱离的威胁，基础在美国的加拿大工会大多数在管理和财政事务中享有比过去多很多的自治权。参见Chaison, G., and Rose, J. B. (1989). Unions: Growth, structure and internal dynamics. In J. C. Anderson, M. Gunderson, and A. Ponak

(Eds.), *Union-management relations in Canada* (2nd ed.). Toronto: Addison-Wesley, pp. 125-154。本章所使用的工会会员数据中并不包括加拿大会员的数量，以显示美国工会的发展与衰落。

2. Gifford, C. (2002). *Directory of U. S. labor organizations*, 2002。Washington, DC: Bureau of National Affairs. 这些数据是劳联-产联成员工会的会员数量，不包括独立于劳联-产联的国家教育协会（NEA）的会员数量。国家教育协会在1991年拥有253万会员。虽然国家教育协会是目前美国规模最大的工会，但它并不代表全部会员开展集体谈判，而是作为一个专业协会向大约一半的会员提供服务，代表这些会员的利益与学校董事会进行协商。

3. Shabecoff, P. (1980, May 11). Big labor, little labor. *New York Times*, p. 19; Chaison, G. (1995). Reforming and rationalizing union structure: New directions and unanswered questions。论文提交于在瑞典斯德哥尔摩召开的第二届新兴工会结构国际大会。

4. Bernstein, A. (2004, September 13). Can this man save labor? *Business Week*, pp. 80-88.

5. 由于主要航空公司出现了严重的财务困难，而且这些公司希望进行妥协性谈判并进入破产程序，导致飞行员谈判权利的丧失。这些情况我们将在第四章集体谈判中进行讨论。

6. Sanger, D., and Greenfield, S. (2002, October 1). West Coast ports prepare to reopen after Bush's intervention. *New York Times*, p. A1.

7. Strauss, G. (1993). Issues in union structure. In S. Bacharach, R. Seeber, and D. Walsh (Eds.), *Research in the sociology of organizations*. Greenwich, CT: JAI, pp. 1-49; Chaison (1995); Chaison, G. (1996). *Union mergers in hard times: The view from five countries*. Ithaca, NY: Cornell University

Press.

8. Craft, D., and Peck, T. W. (1998). *Profiles of American labor unions*. Farmington Hill, MI: Gale Research.

9. For reviews of the evolution of company unions and the formation of local unaffiliated (independent) unions, see Jacoby, S. M. (1998). *Modern manors: Welfare capitalism since the New Deal*. Princeton, NJ: Princeton University Press; Jacoby, S. M. (2001). Unnatural extinction: The rise and fall of independent local unions. Industrial Relations, 40, pp. 377-404; Shostak, A. B. (1962). *America's forgotten labor organization*. Princeton, NJ: Princeton University, Department of Economics, Industrial Relations Section.

10. Northwest flight attendants to switch unions. (2003, June 20). *New York Times*, p. C4; Fedor, L. (2003, June 20). Northwest flight attendants break away from Teamsters. *Minneapolis Star Tribune*, pp. A1, A11.

11. Wong, E. (2003, June 15). Union sees opening in United's turmoil. *New York Times*, pp. C1, C4。该独立工会在其他航空公司还取代了机械师工会、卡车司机工会以及运输工人工会等全国性的工会组织。

12. 关于独立地方工会演化的讨论，参见 Jacoby (2001)。Shostak (1962) 是关于独立地方工会的经典研究。

13. Gifford (2002), p. 44.

14. Craft and Peck (1998).

15. Gifford (2002).

16. www.uswa.org.

17. www.seiu.org.

18. www.ilaunion.org.

19. www.alpa.org.

20. Chaison, G. (1986). *When unions merge*. Lexington, MA: Lexington Books.

21. 关于劳联-产联结构与活动最新的全面描述，参见网页：www.aflcio.org。

22. Sloan, A. A., and Witney, F. (2001). *Labor relations* (10th ed.). Upper Saddle River, NJ: Prentice Hall, p. 125。虽然联盟并不开展组建活动也不代表工人，但它却特许地方工会（直接附属工会）作为谈判代理人。直接附属工会的会员一般转移给附属的全国工会，后者一般在其行业或职业中吸收会员。

23. See the constitution of the AFL-CIO for details of fees and governing structures: www.aflcio.org/aboutaflcio/about/constitution.

24. Bernstein, A. (2003, March 17). Palace coup at the AFL-CIO: In a rebuke to Sweeney, activists hope to reshape the federation. *Business Week*, p. 78; Greenhouse, S. (2003, March 9). Worried about labor's waning strength, union presidents form advisory committee. *New York Times*, p. 22。执行委员会由劳联-产联中10个最大工会组织的主席，以及由劳联-产联主席选择的7个较小工会组织的主席组成。它还包括劳联-产联的主席、副主席以及秘书财务长。据报道，该委员会的目的是增强成员工会对劳联-产联政策的影响力，特别是关于组建活动与政治活动的影响力。

25. 例如，关于鼓励劳工委员会在组建活动复兴中发挥核心作用的劳联-产联工会城市项目的讨论，参见Eckstein, E. (2001). Putting organizing back into labor councils. *Working USA*, 5, pp. 124-125。Eckstein（2001, p. 124）引用了一位工会活动家对劳工委员会的赞扬："一个劳工委员会，具有多重关系，可以将政治与组建活动联系起来，为组建活动的成功创造一个更好的环境。同时，组建活动也能够激励组建委员会，促使其开始行动。”

26. 关于劳联-产联组织的描述，参见网页：www. aflcio. org/aboutafl-cio/about/howworks。

27. www. workingamerica. org；Greenhouse，S.（2004，July 11）. Labor federation looks beyond unions for supporters. *New York Times*，p. 18.

28. Greenhouse，S.（2005，March 4）. Labor chief emerges from meeting a winner，but for how long? *New York Times*，p. A13；Cummings，J.（2005，March 3）. AFL–CIO leader beats back revolt. *Wall Street Journal*，p. A3；Edsall，T. B.（2005，January 4）. AFL–CIO chief facing challenges from labor's left. *Washington Post*，p. A5；Greenhouse，S.（2005，April 29）. Facing dissent，labor chief offers a plan forgrowth. *New York Times*，p. A18；Greenhouse，S.（2005，June 16）. Five top union leaders join forces，raising threat of labor rift. *New York Times*，p. A19。在 2005 年 7 月，服务业雇员工会、卡车司机工会、服装纺织工会与旅馆餐厅雇员工会、劳动者国际工会以及联合食品与商业工人工会的领导人要求劳联-产联对联盟经费进行重新分配以复兴组建活动，并通过合并来减少小型附属工会的数量。这些工会形成了一个名为“改变求胜利联盟”的同盟，拥有劳联-产联大约三分之一的会员。Among dissident union leaders，the backgrounds may vary but the vision is the same. *New York Times*，p. A15。该团体的工会复兴计划以及工会章程可以参见其网址：www. changtowin. org。

29. Chaison（1996）.

30. Bernstein（2004），p. 82. For examples of criticism of federation leadership，see Greenhouse.（2003，March 9）；Slaughter，J.（1999）. The new AFL–CIO：No salvation for the working stiff. In R. M. Tillman and M. S. Cummings（Eds.），*The transformation of U. S. unions*：*Voices*，*visions*，*and strategies from*

*the grassroots.* Boulder，CO：Lynne Rienner，pp. 49-60。关于约翰·斯威尼及其领导下的劳联-产联的努力，参见 Aronowitz，S.（2001）. Labor on trial：Assessing Sweeney's record. *WorkingUSA*，5，pp. 10-31。

31. Greenhouse，S.（2004，August 1）. Though united in politics，unions face internal turmoil. *New York Times*，p. A13；Greenhouse，S.（2004，November 10）. Largest union issues call for major changes. *New York Times*，p. A16；Greenhouse，S.（2004，November 18）. Unions resume debate over merging and power. *New York Times*，p. A24. The call for change in the federation was led by Andrew Stern，leader of the Service Employees International Union，and was derived from his union's proposal for union revival；Service Employees International Union.（2004，November）. Unite to win：A 21st century plan to build new strength for working people. www. unitetowin. org。机械师工会的领导人托马斯·布芬巴格（Thomas Buffenbarger）强烈反对要求变革的这一工会团体。他抱怨道："按照他们说话的方式，要么采用他们的办法，要么就没有办法。如果这些花言巧语不平息下来，就将会出现老式的工会联盟，而这将导致老劳联和老产联的重新组建。" Greenhouse（2004，August 1），p. A13。

32. Barbash，J.（1956）. *The practice of unionism.* New York：Harper and Row.

33. Article Ⅲ，Jurisdiction，of the Constitution of the Laborers International Union of North America. www. liuna. org/Pages/legaldept/const/Consitution 2001/003. htm.

34. Article I，Objectives，of the Constitution of the International Brotherhood of Teamsters. www. teamster. org/about/constitution/article_ ii_ . htm.

35. Article II，Jurisdiction，of the Constitution of the International Brotherhood of Teamsters. www. teamster. org/about/constitution/article_ ii_ . htm.

36. Article II, Jurisdiction. CWA Constitution as amended August 2002. (2002). Washington, DC: Communications Workers of America, p. 2.

37. Article III, Eligibility, of the Constitution of the International Union. (2002). United Steelworkers of America. Pittsburgh, PA: United Steelworkers of America.

38. Trade jurisdiction. www. bacweb. org/aboutbac/jurisdiction. htm.

39. Article III, Membership, of the Constitution of the American Federation of State, County and Municipal Employees. www. afscme. org/about/const_ 04. html.

40. Article II, Membership, of the Constitution of the Association of Flight Attendants. www. afanet. org/CB/ARTICLE_ II. asp.

41. Knight, D. M. (2002). The new paradigm of physician collective action. Shugharyt, Thomson, and Kilroy unpublished memo for the Office and Professional Employees International Union. www. lawmemo.com/emp/articles/physicians. htm.

42. Lyman, R. (2003, June 18). It takes two for merger of actors' unions. *New York Times*, pp. B3, B8。这两个工会的会员范围会出现重合，是因为许多演员既从事胶片制作也从事录像制作。2003 年，银幕演员协会拥有 11.7 万会员，美国电视和广播艺术家联盟则拥有 8 万会员。这些数据包括两个工会重合的 4.5 万会员。

43. Strauss (1993); Chaison (1995).

44. Chaison, G. (1987). The recent expansion of union organizing jurisdictions. Working Paper no. 87-102, Graduate School of Management, Clark University, Worcester, MA; Chaison, G., and Dhavale, D. (1990). The changing scope of union organizing. *Journal of Labor Research*, 11, pp. 307-321.

45. Service Employees International Union. (2003). *United we win.* Washington, DC: Service Employees International Unions, p. 5.

46. Smallwood, S. (2003, January 17). United academic workers. *Chronicle of Higher Education*, pp. A8-A9; Smallwood, S. (2003, May 16). Organizers of TA union at Yale lose unofficial vote on representation. Chronicle of Higher Education, p. A12; Hoerr, J. (1997). *We can't eat prestige: The women who organized Harvard*. Philadelphia: Temple University Books。与之相反，密歇根大学的非终身制教职员工（如教学助手、副手或者兼职教师）在2003年投票选择由密歇根教师与学校相关人士联盟的一个地方组织进行代表，该联盟属于美国教师联盟的一部分。他们的工会是本州的一个传统的学校员工的代表，在校区、社区、大学以及底特律公立学校中拥有3.4万名会员。密歇根大学的非终身制教职员工投票支持工会，（2003, April 29）, *PR Newswire*。然而，必须注意的是，国家劳动关系委员会在2004年7月，就布朗大学一案（342 NLRB No. 42, Brown University, 1-RC-21368），否决了大学教学和研究助手加入工会以及与其雇主开展谈判的受保护的权利。一年后，纽约大学的行政方撤销了其对研究生工会的承认，因为国家不再要求学校的行政方与该会开展谈判。Arenson, K. W. (2005, June 17). N. Y. U. moves to disband graduate studentsunion. *New York Times*, p. B2。Arenson, K. W. (2005, June 17). N. Y. U. moves to disband graduate students union. *New York Times*, p. B2。

47. Chaison (1995, 1996)。1999年5月，劳联-产联执行委员会通过了一项声明，号召成员工会在他们是主要工会的行业或职业中集中开展组建工作。然而，联盟也不得不承认成员工会会员资格多样性的程度，并表明虽然为保持长期的稳定性，应当在一个行业开展组建活动，但工会也需要在更广泛的范围内开展组建工作，特别是在那些就业岗位正在增加而工会会员数量较少的行业。Amber, M. (1999, May 10). Organizing: AFL-CIO urges affiliates to organize industries where they have density. *Daily Labor Report*, pp. A9-A10。

48. 关于工会合并程序的描述，参见 Chaison (1986). An international comparison of union merger causes, forms, frequency, and outcomes is found in Chaison (1996)。关于工会合并研究状况的回顾，参见 Chaison, G. (2004). Union mergers in the U. S. and abroad. *Journal of Labor Research*, 25, pp. 97-115。

49. 关于工会合并的动机与障碍的回顾，参见 Chaison (1986), pp. 43-90。

50. Greenhouse, S. (2004, February 26). 2 key unions vote to accept plan to merge. *New York Times*, pp. C1, C6.

51. Greenhouse, S. (2005, January 12). 2 large industrial unions plan to merge. *New York Times*, p. A18.

52. 该讨论假设每个联合是由两个工会进行的，这是最常见的形式。然而，一些联合可能包括三四个，甚至五个工会，这要求极为复杂的合并协商，以便整合数个治理机构与组织结构。1955—1999 年，发生了 20 次工会联合，其中包括 2 次联合 3 个工会，以及 1 次 5 个工会进行的联合。Chaison (1986, 1996), and Chaison, G. (2001). Union mergers and union revival: Are we asking too much or too little? In L. Turner, H. C. Katz, and R. W. Hurd (Eds.), *Rekindling the movement: Labor's quest for relevance in the twenty-first century*. Ithaca, NY: Cornell University Press, pp. 238-255。

53. Chaison (1986).

54. Bureau of National Affairs. (2002, April 26). New Jersey union affiliates with Machinists. *Daily Labor Report*, p. A12.

55. Bureau of National Affairs. (2002, May 24). Merger of ALPA, FedEx pilots union scheduled to take effect on June 1. *Daily Labor Report*, p. A2.

56. Bureau of National Affairs. (2002, October 10). AFT approves hygienist's group affiliation with the Illinois Federation of Teachers. *Daily Labor Report*, pp. A7-A8.

57. 关于合并的程序与合并协商方式的例子，参见 Chaison (1986, 1996)。

58. Chaison (1986).

59. 例如，美国银幕演员公会（SAG）内部存在着对与美国电视和广播艺术家联盟（AFTRA）于 2003 年进行合并的政治反对意见。虽然有 57.8%的银幕演员公会会员投票支持合并，但这一合并尝试最终失败了（根据银幕演员公会的章程要求，投票比例必须达到 60%）。20 世纪 30 年代后期以来，两个工会就一直在讨论联合事宜。反对合并的意见主要来自美国银幕演员公会的好莱坞会员。美国电视和广播艺术家联盟的薪酬水平低于美国银幕演员公会会员的收入水平，合并的反对者们认为合并后的工会将会施行这种低水平的薪酬。Bates, J. (2003, July 3). SAG, AFTRA may get another "take": The close vote provides hope for merger backers to consider new try. *Los Angeles Times*, sec. 3, p. 1。

60. Pakulski, G. (2003, June 4). Toledo, Ohio-based Flint Glass Workers vote to merge withSteelworkers. *The Blade* (*Toledo*), p. 1.

61. American Flint Glass Workers Union merges with the United Steelworkers. (2003, June 3). *Associate Press State and Local Wire*.

62. Chaison (1986, 1996, 2004).

63. Chaison (1996)。有关通过合并简化劳工运动同时增强工会的影响力与实力的内容，参见 Service Employees International Union (2003, 2004);

Greenhouse（2004，November 18）；Chaison，G.（2004，November 20）. The union voice. *NewYork Times*. p. A20.

64. Chaison（1986）.

65. Chaison（1986）.

66. Chaison（1996），p. 496.

67. 关于工会密度概念的评论，参见 Rose，J.，and Chaison，G.（1996）. Linking union density and union effectiveness. *Industrial Relations*，35，pp. 78-105。

68. Freeman，R. B.（1986）. Unionism comes to the public sector. *Journal of Economic Literature*，24，pp. 41-86；Freeman，R. B.（1988）. Contraction and expansion：The divergence of private and public sector unionism in the United States. *Journal of Economic Perspectives*，2，pp. 63-88.

69. Greenhouse，S.（2005，January 28）. Membership in unions drops again. *New York Times*，p. A20.

70. 受保障的非会员如果不缴纳任何会费则被称为“免费搭车者”，如果仅缴纳部分会费则被称为“廉价搭车者”。这些人士缴纳的部分会费用于支付工会的代表性活动（如集体谈判与处理申诉）以及在相同竞争市场上组建谈判单元的成本。McGolrick，S.（2002，November 13）. Union dues：Organizing costs chargeable to nonmembers，Supreme Court says，letting ruling stand. *Daily Labor Report*，pp. AA1-AA2。Chaison，G.，and Dhavale，D. G.（1992）. The choice between union membership and free-rider status. *Journal of Labor Research*，13，pp. 355-369。对工会而言，免费搭车者与廉价搭车者意味着巨大的工会组建机会，因为很容易确定和接触这些工人，他们在已建工会的企业中工作，还受到集体协议的保障。此外，雇主通常不会抵制这部分工人加入工会，因为工会已经在工作场所建立起来了。

71. 在美国22个有就业权利法案的州（亚拉巴马州、亚利桑那州、阿肯色州、佛罗里达州、佐治亚州、爱达荷州、堪萨斯州、路易斯安那州、密西西比州、内布拉斯加、内华达州、北卡罗来纳州、弗吉尼亚州、怀俄明州）中，强制缴纳部分或全部会费是被禁止的。在有就业权利法案的州中，受集体协商的保障的工人中大约有五分之一不属于工会会员，而在其他各州中这一比例为9%。Godard, J. (2003). Do labor laws matter? The density decline and convergence thesis revised. *Industrial Relations*, 42, pp. 458-492。在不具有就业权利法案的28个州中，超过90%的集体谈判协议拥有工会保障条款，这些条款要求工人加入工会或者支付会费并以此作为持续就业的条件。Dau-Schmidt, K. G. (2001). Union security agreements under the National Labor Relations Act: The statute, the Constitution, and the Court's opinion in Beck. In S. Estreicher, H. C. Katz, and B. E. Kaufman (Eds.), *The internal governance and organizational effectiveness of unions*. New York: Kluwer Law International, pp. 199-227。

72. 虽然法律可以禁止强制入会，但调查显示，有大约40%的工人并不知道自己可以拒绝成为工会会员而只需缴纳部分会费，甚至不缴纳会费（Chaison and Dhavale, 1992）。

73. Organization for Economic Cooperation and Development. (2004). *OECD employment outlook*. Chapter 3, Striking facts. www. oecd. org/document/12/0, 2340; en_ 6249. html。在日本，诸如企业一线主管等加入工会的工人，可以不受集体协议的保障，因此工会密度超过了集体协议覆盖率。

74. Western, B. (1997). *Between class and market: Post-war unionization in the capitalist democracies*. Princeton, NJ: Princeton University Press。关于欧洲工会密度以及工会会员数量、工会密度如何测量等问题的讨论，参见European Foundation for the Improvement of Living and Working Conditions.

(2005). *Trade union membership 1993–2003*. www. eiro. eurofound. eu. int/2004. html。

75. Chaison, G., and Dhavale, D. (1990). A note on the severity of the decline in union organizing activity. *Industrial and Labor Relations Review*, 43, pp. 366–373.

76. Freeman, R. B. (2004). The road to union renaissance in the United States. In p. V. Wunnava (Ed.), *The changing role of unions: New forms of representation*. Armonk, NY: M. E. Sharpe, pp. 3–4.

77. 关于工会发展与衰落决定因素的研究评论，参见 Chaison, G., and Rose, J. B. (1991). The macrodeterminants of union growth anddecline. In G. Strauss, D. G. Gallagher, and J. Fiorito (Eds.), *The state of the unions*. Madison, WI: Industrial Relations Research Association, pp. 3–46; Flanagan, F. (2005). Has management strangled U. S. unions? *Journal of Labor Research*, 26, pp. 33–61。

78. Chaison and Rose (1991), p. 13.

79. Chaison and Rose (1991).

80. www. trinity. edu/bhirsch/unionstats. htm.

81. Amber, M. (2002, August 30). Majority of nonunion workers say they would join unions, survey shows. *Daily Labor Report*, p. A11; Freeman, R. B., and Rogers, J. (1999). *What workers want*. Ithaca, NY: Cornell University Press。Freeman and Rogers (1999, p. 87) 也发现，如果未入会工人有机会加入与资方的冲突不像工会那样激烈的相关组织的话，那么这些工人对于工会代表的期待将会下降。调查显示，如果未入会工人有机会在两个假设的组织中间进行选择，“其中一个资方与之进行合作，共同讨论相关事宜，但该组织无权做出决定”，而“另外一个则拥有更多权力，但资方反

对该组织”，63%被调查者会选择前者（与雇主合作但没有权力），而仅有22%的被调查者会选择更有权力但与雇主敌对的组织。在该章关于导致工会会员流失的因素的讨论中，作者提出了这样的观点：很明显，遭到资方反对或与资方起冲突的可能性对工人的决定有很大的影响。

82. Service Employees International Union (2003); Greenhouse, S. (1999, October 13). Union leaders see glum news in labor study. *New York Times*, p. A19. For a report on an organizing drive in a growth sector of the high-technology economy—the dot - com companies—see Greenhouse, S. (2001). The first unionization vote by dot. com workers is set. *New York Times*, p. C4。很明显，高科技行业的企业使用了与传统夕阳产业同样的战术——在组建运动期间恐吓以及解雇工会支持者——然而，他们也声称工会与集体谈判阻碍了在该行业取得繁荣所需要的创新、弹性与创业精神，而且工会与集体谈判还给那些尚未盈利的企业造成了沉重的负担。

83. 2001—2003年，制造业的就业率下降了15%，而且流失的270万就业岗位大多数都来自制造业，其中包括了2003年前8个月流失的43.1万工作岗位。Knowlton, B. (2003). Bush recognizes job losses and promises “better days ahead”. www. nytimes. com/2003/09/01/politics/01 CND - Bush. Statement of Kathleen P. Utgoff, Commissioner, Bureau of Labor Statistics, before the Joint Economic Committee of the United States Congress. September 5, 2003. news@ list. bls. gov。

84. Chaison and Rose (1991), pp. 22-24。关于导致美国私营部门与公共部门工会密度差距的因素的评价，参见Freeman (1986, 1988)。

85. Service Employees International Union (2003).

86. Bronfenbrenner, K. and Hickey, R. (2003). *Blueprint for change: A national assessment of winning union organizing strategies*. Ithaca, NY: Cornell

University, Office of Labor Education Research.

87. 无论是激烈地反对工会还是对工人比较仁慈，雇主的手段看起来总体上都比较有效。Freeman 与 Rogers（1999，p. 9）认为，多年来工人工会化的需求一直保持稳定。调查显示，未入会的工人中大约有三分之一表达了成为工会会员的想法。“这些工人未能加入工会的主要原因是所在企业的雇主不想让工会代表他们。”但是一项分析说明，雇主的反对可能并不是工会衰退的主要原因，参见 Lipset, S. M., and Meltz, N. M. (2004). *The paradox of American unionism: Why Americans like unions more than Canadians do but join much less.* Ithaca, NY: Cornell University Press。相反，有一项关于雇主运用一系列典型的反工会武器成功地抵制了工会组建活动的案例研究，即 How do you drive out a union? South Carolina factory provides a textbook case. *New York Times*, p. A26。

88. Clement, D. (2001). Labor pains. *Fedgazette* (*May*). http://minneapolisfed . org/pubs/fedgaz/labor. cfm.

89. 参见 Amber, M. (2003, January 1). Organizing: AFL-CIO convenes organizing summit to find new ways to expand membership. *Daily Labor Report*, pp. C1-C4。

90. Burkins, G. (1997, February 19). Labor unions debate recruiting jurisdictions. *Wall StreetJournal*, p. A20; Amber, M. (2003, February 28). AFL-CIO: Executive council adopts organizingplan emphasizing union partnerships, more staff. *Daily Labor Report*, pp. C1-C2; www. laborresearch. org/union_ stats/1999_ density.

91. Greenhouse (2004, November 10).

92. 主要的开展组建工作的工会包括服务业雇员国际工会，服装纺织工会与旅馆餐厅雇员工会，美国通信工人工会，美国州、县、市政雇员联盟以及汽车工人工会。Bronfenbrenner，K.，and Hickey，R.（2004）. Changing to organize：A national assessment of union strategies. In R. Milkman and K. Voss（Eds.），*Organizing and organizers in the new union movement*. Ithaca，NY：Cornell University Press，pp. 17-61。

93. Freeman（2004）。为提高工会密度的一个百分点，工会需要将其会费收入的40%投向工会组建工作。

94. Rose and Chaison（1996）。由于工会会员每年大量的损耗（很大程度上是已建工会企业工作岗位流失的结果），工会必须在1996—2000年招募1200万新会员，将私营部门的工会密度从11%提高到18%。这项任务超出了工会运动的财力负担水平。Masters，M.（1997）. *Unions at the crossroads：Strategic membership，financial and political perspectives*. Westport，CT：Quorum。除此之外，如果工会会员数量较少，工会不仅缺乏足够资源在未建工会企业开展工会组建活动，而且未建工会企业的雇主将有更大的动力来避免工会化（这些雇主看到，如果他们成为少数已建工会的企业之一，那么他们在本行业的竞争力将受到损害）。然而，如果工会在这些雇主所处的行业的会员数量较多，工会密度较高，那么工会将有更多的资源开展工会组建活动，而且雇主成为建会企业的成本也会下降，从而这些雇主抵制工会组建的动力也会减弱。Freeman，R. B.（1998）. Spurts in union growth：Defining moments and social processes. In M. D. Bordo，C. Goldin，and E. N. White（Eds.），*The defining moment：The Great Depression and the American economy in the twentieth century*. Chicago：University of Chicago Press，pp. 265-295。

95. Godard（2003）认为，在工会发展的过程中，劳动法的作用很重要。他在审查相关证据后发现，美国与加拿大工会密度不同的原因可以追溯到两国劳动法的差异，特别是劳动关系委员会认证工会作为谈判代理人方式的差异。加拿大各省大多依靠会员卡和快速选举作为会员支持的证据，而在美国则使用认证选举。

96. 关于 1978 年劳动法律改革也是首次重要的《瓦格纳法案》改革尝试的失败的评论，请参见 Gould，W. B.，IV.（2004）. *A primer on American labor law*（4th ed.）. Cambridge，MA：MIT Press，pp. 129-138。

97. Freeman（1988，p. 288）也认为，《瓦格纳法案》"使美国被局限在一个过时的劳动关系框架之中，这一框架与 21 世纪的美国劳动市场实际情况不相适应……该法案创建了一件制度性的'紧身衣'，对美国的工人、企业与工会都没有好处，而且实践表明，该法案很难改革，让劳方与资方都担心该法的任何改变都将使双方的实力平衡被破坏，从而对己方不利"。该法未能保护工人选择工会代表的权利，未能缓解雇主对工会组建活动的反对，而且限制了工会代表的形式，因而是有缺陷的。

98. 关于工会组建的相关法律的主流评论家已经得出结论，如 Freeman，R. B.（1985）. Why are unions faring poorly in NLRB representation elections? In T. A. Kochan（Ed.），*Challenges and choices facing American unions*. Cambridge，MA：MIT Press，pp. 45-64；Freeman，R. B.（1989）. On the divergence in unionism among the developed countries. Working paper no. 2817. Cambridge，MA：National Bureau of Economic Research；Weiler，P.（1983）. Promises to keep：Securing workers' rights to self-organization under the NLRA. *Harvard Law Review*，96，pp. 1769-1827；Weiler，P.（1984）. Striking a new balance：Freedom of contract and prospects for union representation. *Harvard Law Review*，98，pp. 351-420。由美国商务部和劳动部创建的未来劳资关系委员会（邓禄普委员会）提出的报告代表着劳动法律改革努力的顶峰。邓禄普委员会由哈佛大学的邓普禄主持工作，其于 1994 年提交了报告［Commission on the Future of Worker-Management Relations.（1994）. *Report*

*and recommendations*. Washington，DC：U. S. Department of Labor，U. S. Department of Commerce]。该报告得出结论认为，“目前的劳动法未能实现其鼓励集体谈判、保护工人在工作场所选择或者不选择由工会代表的原定立法目标”（xvii）。对工人、工会与雇主而言，目前的工会认证选举充满高度的冲突性，当工人试图行使选择工会的权利时，有可能会被雇主歧视。该委员会建议国家劳动关系委员会加快认证选举程序，向因支持工会而遭受雇主歧视的工人提供救济，并在新认证的工会无法达成其首份集体协议时使用仲裁。由于该委员会发布报告时正好产生了保守的共和党众议院，因此它的立法建议从未获得采纳。

99. 未来劳资关系委员会（1994）。未能达成首份集体协议的认证选举比例恢复到了 20 世纪 70 年代与 80 年代的水平。参见 See Pavy，G.（1993）. *A question of fairness*：*Winning NLRB elections and establishing stable collective bargaining relationships with employers*. Washington，DC：AFL-CIO，Industrial Union Department。

100. 参见 the review of the U. S. Senate hearings in Johnson，F. （2002，June 21）. Senate committee explores difficulties workers face in organizing campaigns. *Daily Labor Review*，p. A1。

101. Moberg，D.（1998，August 9）. Organizing to win. *In These Times*，pp. 11-12。关于组织立法改革的努力经常将工人组建或者加入工会的权利描述为一项基本人权和结社自由的主要体现。Greenhouse，S.（2003，August 31）. Unions to push to make organizing easier. *New York Times*，p. 16。与其主张工会在目前的程序下面临组建的困难，违反了《瓦格纳法案》的立法精神，不如说工人的基本权利遭到否定是必须予以纠正的，后者的论点更加强有力而且也更有吸引力。

102. Brett，J. M.（1980）. Why employees want unions. *Organizational Dy-*

*namics*, 8, pp. 47–59.

103. Chaison, G., and Bigelow, B. (2002). *Unions and legitimacy*. Ithaca, NY: Cornell University Press.

104. Cohen and Hurd's (1998) discussion of the employers' use of fear and conflict during organizing drives. Cohen, L., and Hurd, R. W. (1998). Fear, conflict and union organizing. In K. Bronfenbrenner et al. (Eds.), *Organizing to win: New research on union strategies*. Ithaca, NY: Cornell University Press, pp. 181–196.

105. the description of the organizing campaign at Harvard University in Chaison and Bigelow (2002), pp. 43–47.

106. 例如，寻求代表耶鲁大学研究生助手的工会未能通过有关工会化的民意测验，因为许多研究生助手认为该工会太具有攻击性，同时也不民主，从而对该工会进行抵制。Greenhouse, S. (2003, May 2). Yale graduate students reject union, criticizing organizer. *New York Times*, p. A31。

107. 牧师已经日益参与到工会的组建运动中，因为他们认为，工会是保护弱者与穷人、推动劳动尊严、维护工作场所权利的组织。牧师已然通过布道、与雇主的会议以及与工人进行关于工会职责的交流为工会组建工作提供了帮助。Greenhouse, S. (1999, September 6). Clergy and unions teaming up again, *New York Times*, p. A13。

108. Slaughter (1999); Nissen, B. (1998). Utilizing the membership to organize the unorganized. In K. Bronfenbrenner et al. (Eds.), *Organizing to win: New research on union strategies*. Ithaca, NY: Cornell University Press, pp. 135–149; Turner, L. (1998). Rank and file participation in organizing at home and abroad. In K. Bronfenbrenner et al. (Eds.), *Organizing to win: New research on union strategies*. Ithaca, NY: Cornell University Press, pp. 123–134; Bronfen-

brenner, K., and Juravich, T. (1998). It takes more than house calls: *Organizing to win with a comprehensive union-building strategy. In K. Bronfenbrenner et al.* (*Eds.*), *Organizing to win: New research on union strategies*. Ithaca, NY: Cornell University Press, pp. 19-36.

109. 所有这些方法都是合法的，尽管他们并不依照国家劳动关系委员会的程序。Brody（2003，p. 17）认为，“选举并非工会获得集体谈判权利的唯一途径”。根据《瓦格纳法案》，雇主应当以善意与雇员“委任或者选举产生的”代表进行谈判，而这可以通过选举之外的方式得以实现。然而，多年来，判例法使雇主可以拒绝工会关于会员卡的展示，而要求举行选举。Brody 对宣布以会员卡数量为基础的雇主认证工会谈判地位非法的立法案持批评态度。Brody, J. (2003). Labor law reform: Taking a long view. *Perspectives on Work*, 7, pp. 16-18。

110. Greenhouse, S. (2003, May 31). Labor turns to a pivotal organizing drive. *New York Times*, p. 11.

111. 对雇主有关会员卡计数安排的批评意见的辩驳，参见 Eaton, A., and Kriesky, J. (2003). No more stacked deck: Evaluating the case against card-check union recognition. *Perspectives on Work*, 7, pp. 19-21。关于会员卡计数或雇主中立的法律挑战的讨论，参见 Cleeland, N. (2004, September 13). Labor board may rule on union tactics. *Los Angeles Times*, p. 13。

112. 在 2001 年，加入旅馆与餐厅雇员国际工会的工人中大约有 80%是通过会员卡计数或者雇主保持中立的方式获得的。Wessel, D. (2002, January 31). Some workers gain with new union tactics. *Wall Street Journal*, p. A1。

113. 关于工会认证程序的简要描述，参见国家劳动关系委员会的网站：www. nlrb. gov。

114. 这可能是一个重要的问题，因为当工人不受《国家劳动关系法》

保护的时候，他们无权组建工会，也不能使用国家劳动关系委员会的认证选举程序。例如，2000 年，国家宣布大学中的研究与教学研究生助手属于法律规定的雇员范畴，但在 2004 年，一项判决认为，他们本质上还是学生而非雇员。这意味着他们无法请求国家劳动关系委员会举行认证选举以证明支持他们的占多数。如果这些工人的工会已经签订了集体合同，那么在协议到期后，雇主可以拒绝承认这些工作，并拒绝与这些工会进行集体谈判。Greenhouse, S. , and Arenson, K. W. (2004, July 16). Labor board says graduate students at private universities have no right to unionize. *New York Times*, pp. AA14。

115. 如果在认证选举中有两个或两个以上工会，而且在第一轮选举中没有（工会或非工会选项）获得多数支持，就需要举行决选。只有大概 5%的选举包括两个及以上工会，这主要是因为劳联-产联限制成员工会之间的竞争性组建活动。

116. 雇主必须与工会会谈并以善意进行谈判，但法律并不要求雇主作出让步或达成协议。在大约 30%的首次谈判中，新获认证的工会未能达成集体合同，这通常是因为雇主拖延或未能以善意进行谈判。关于雇主将在谈判中与工会进行斗争的看法只在理论上是合理的。因此，虽然有认证选举的结果，但是只有工会达成了首份集体合同，而且能够在工作场所发挥作用，组建运动才能被视为成功。

117. U. S. National Labor Relations Board. (2004). *Annual report*, 2003. Washington, DC: Government Printing Office。2003 年，举行了 2937 次代表选举，其中工会赢得了 1579 场选举（胜率为 53. 8%）。

118. Cody, J. K. (2004). NLRB election statistics suggest new organizing strategies paying off for unions. News release. www. bna. com/press/2004/nlrb04. html.

| 第三章 |

# 工会治理与管理

只有将工会看作政治性组织，我们才能全面理解工会。工会有自己的章程，可以选举官员和管理委员会并举行代表大会。我们期望工会以民主的方式运行，如果他们做不到我们会感到失望。我们要求工会对会员的意志负责，如果他们不这样做，我们就称他们为“工会老板”（union bosses）。

然而，工会同时也是复杂的官僚制组织，需要有效运转并在其财力范围内开展工作。工会必须管理数百万美元的资产，维持由会员会费形成的收入流，并支付其职员的薪水。工会需要通过和大型公司相同的错综复杂的多层次组织结构来发挥作用；工会设有总部和地区办事处，以及附属组织、专业化部门和委员会。他们雇用管理人员和会计来做管理工作，雇用组织者和谈判者来服务会员。

简言之，工会既须被治理也须被管理。本章将考察工会的这两个方面，并从中讨论工会民主、工会腐败以及工会效率等有争议的问题。

## 工会治理

### 工会章程

虽然工会章程（The Union Constitution）的篇幅[1]和复杂性各

不相同，但都服务于同一个目的——确立工会为一个合法的、自我管理的实体。典型的工会章程包括如下章节［称为条款（articles）］：工会的名称与职责，工会官员与会员的誓言，会员资格的标准，普通会员与其他会员（如退休、失业、荣誉和准会员）的权利，工会官员的职责，举行工会代表大会和修改章程的规则，选举官员的办法，听取关于工会会员、职员和官员指控的程序，以及集体协议的批准和对罢工的授权。[2] 工会章程可能还会说明会员会费和人均费用（地方工会应当向全国组织支付的费用）的计算以及工会官员的补偿金问题。

工会章程对地方分会的从属地位有明确的规定。章程通常会有相关条款赋权全国工会的官员向地方分会发放许可，确定分会会费和人均费用，审计分会财务记录，在出现财务管理不善或集体谈判严重无效问题时中止分会自我管理的地位。地方分会的官员在签署集体协议或召集罢工前，一般需要得到全国总部的许可。全国工会甚至可以在地方分会规模过小，以致无法有效代表工人的情形下，要求地方分会相互合并。[3]

工会章程确立了工会会员的权利。这些权利通常包括：在工会官员民主选举中投票的权利（如获得关于选举的适当通知，竞选公职的自由，出现违规问题时就选举结果进行上诉等）；在工会会议上发言和查阅工会记录的权利。工会会员（也包括工会官员和职员）在被指控违反章程时（如伪造记录、滥用资金或者诽谤工会），享有公正审判和无罪推定的权利。[4]

## 工会代表大会

工会代表大会（Union Conventions）是工会治理的核心，因为在代表大会上，会员的声音能够通过辩论和投票被最清楚地表达出来。实际上，虽然召开代表大会的间隔时间可能很长，同时一些工会官员总能设法保持对大会事务的紧密控制，但是从技术角度而言，工会官员只是在代表大会的间隙才拥有治理工会的权力。

工会代表大会举行的频率与工会的传统和相关现实考虑有关（工会代表大会因其组织成本和代表的差旅费而花费高昂）。例如，通信工人工会作为一个对其会员运作方式倍感自豪的大型工会，每年举行一次大会；美国州、县、市政雇员联合会每两年举行一次大会；钢铁工人联合会每三年举行一次大会；汽车工人工会和采矿工人联合会每四年举行一次大会；卡车司机工会、劳动者工会和美国联合食品与商业工人工会每五年举行一次大会。[5]

所有的工会章程都会提出用以确定地方工会委派大会代表人数的规则和选择代表的依据。例如，在钢铁工人联合会的代表大会上，拥有 1—200 名会员的地方工会可以委派 1 位代表，拥有 201—350 名会员的地方工会可以委派 2 名代表，拥有 351—700 名会员的地方工会可以委派 3 名代表。会员人数达到 701 人及以上的，除额定的 3 名代表外，每增加 500 名会员或者虽不足 500 但超过 250 人的，可额外增加 1 名代表（如有 1000 名会员的地方工会可以委派 4 名代表）。会议代表由工会会员在地方工会举行的选举中选出。[6]

工会章程明确了在大会上提出和批准相关决议的办法以及修改工会章程的程序。此外，工会章程还可能包括用以规范大会的相关细则，包括议事规则、代表资格审查、工作秩序、官员的提名和选举以及委员会规则等。[7]

## 工会官员与管理机构

工会主席（president）是工会的最高官员，负责主持工会管理委员会会议和工会代表大会，担任工会关键委员会的主席（如工会财务和政治活动委员会）。他有权委任工作人员，担任工会面向公众、联盟及其他工会的发言人，并通常有权中止地方工会的自我管理。在美国采矿工人联合会等一些工会中，只有工会主席有权批准进行罢工。[8]

工会还设有秘书财务长（secretary-treasurers），作为首席财务和记录官员。其职责包括批准由工会普通资金进行的支付，确定代表大会召开的时间地点，监督代表大会投票工会，起草和发放财务报告，实施地方工会财务记录的保管和报告标准，推动实施地方工会财务记录保管与报告的标准，确保工会的贷款、养老金计划和投资遵守正当程序手续。

工会的副主席（vice presidents）由地区或行业大会的会员选举产生或者在全体会员范围内选举产生，即由所有的工会会员选出。副主席与工会主席和秘书财务长都是工会管理委员会的成员。[9] 例如，卡车司机国际兄弟会有 21 位按地区选出的副主席，任期 5 年。[10] 劳动者工会（the Laborers）有 4 位副主席是由全体会员选举产生，另有9位副主席按工会分区选举产生，所有的副主席任期都是5年。[11] 通信工人工会设有一位由全体会员选出的执行副主席，以及8位分别来自不同行业部门的副主席（如远程通信工人部门、健康和教育工人部门、出版和媒体工人部门）。副主席的选举在年度代表大会上进行。[12] 演员公会只有3位副主席；每年由工会的会员群体通过邮件投票产生——其中1位（第一副主席）由承担主要工作的会员投票产生，1位由承担配合工作的会员投票产生，1位由作为舞台监督的会员投票产生。[13]

工会还设有治理委员会，其拥有极大的权力，一般被称为执行理事会（executive boards）或执行委员会（executive councils）。一般情况下，管理委员会负责填补官员空缺（直到下次大会召开）、向大会提交决议、批准预算，以及征收特别费用。管理委员会可以强迫小型地方分会进行相互合并，还可以批准与其他工会的合并，只要此类合并属于兼并或者附属并且不会改变工会的章程。管理委员会设有常务委员会，定期开会决定诸如开展地区组建活动、支持政治候选人等事项。工会可能还会设立专门委员会来研究诸如工会复兴计划、扩大工会管辖范围以及工会合并条款等事宜。[14]

### 地方工会的治理

地方工会设有主席、秘书财务长和副主席，作为执行委员会的成员，并管理工会事务。他们还设有工会管事（shop steward）——指负责处理工人提出的有关违反或曲解集体协议的投诉的工会官员，以及代表会员与雇主交涉的工会代表（business agent）——指负责在谈判和集体协议执行过程中，为地方工会官员提供帮助并协助处理地方工会日常事务的官员或工作人员。工会通常需要向后者支付报酬。[15] 地方工会的官员是通过选举得到职位的，尽管在选举中特别是在不支付报酬的小型工会中，通常没有什么反对意见。[16] 地方工会一般每月举行一次由会员参加的会议（虽然，很少有超过四分之一的会员来参会，除非出现诸如授权罢工或批准集体协议等紧急的工会事务）。

### 工会民主[17]

虽然我们期望工会以民主的方式进行治理，但却很难给工会民主下一个定义。对很多人来说，工会民主就是要进行选举。这意味着会员可以很容易地竞选公职或者反对现任官员。民主的工会在最低限度上要进行有竞争的选举，在最高限度上新的挑战者常常战胜在任官员。不民主工会的官员根深蒂固，即使有反对意见也寥寥无几，选举更像是例行公事而非领导权的竞逐。

然而，即使在最民主的工会中，竞选公职也绝对不是一件简单的事情。反对现任官员存在着天然的困难，大型全国工会或地方工会的既定官员拥有政治技巧和同盟，并且广为会员所知。真正的选举挑战更多地发生在小型地方工会，在那里开展竞选更加容易，而且现任官员也更愿意去职，因为他们通常是兼职的且不领报酬。[18] 更重要的是，任何层级工会的官员轮替比例并不必然是测度工会民主的良好指标。如果工会官员在竞选中没有遇到反对意见或者很轻易地就击败了挑战者，可能仅仅意味着会员对他们的表现满意并且无意更换他们。[19]

工会会员倾向于务实地评估工会官员的表现，支持那些在集体谈判中带来理想成果的官员，抛弃那些他们认为做不到这一点的干部，即使他们长期在任。例如，2003 年 8 月，美国政府雇员联合会的会员抛弃了在任主席并选出了一位挑战者，因为他们需要斗志昂扬、更有成效的领导。会员们预见了一些严重的问题——联邦政府已然威胁要削减其雇员的工资总额——因此，他们想要一个能够与雇主进行对抗的领导人。[20] 该全国工会主席的去职是一个罕见的事件，被人们解读为现任官员“反对布什政府劳动政策的斗争不够努力”的表现。[21] 与之相似，拥有 7500 名会员的纽约医院工人地方分会的会员在 2002 年的一次选举中反对在任主席时，他们认真衡量了保留一位经验丰富的工会领导人的成本与收益。会员们对该会高昂的会费（约是会员报酬的 3%）以及原主席为一座从未开建的奢华总部进行的筹款活动十分不满。这位主席在纽约市的政治活动中非常有攻击性也很有实力，然而尽管如此（也可能正因如此），仍然遭受了很多次的解雇。[22]

工会民主的最佳衡量标准是工会会员在利益相关事项上对工会官员施加影响的能力。工会会员在多大程度上参与到工会从谈判策略到与雇主合作安排等重要事务的决策过程？会员是否可以并被鼓励以有意义的方式，如不仅是通过竞选职务而是通过在地方工会会议中开展讨论、质询工会官员、向全国大会提交决议以及在所有层级向代表质询官员职位问题，参与到其所在工会的相关事务？会员能否批评工会官员并讨论工会政策而无须担心被报复（如借口会员对工会不忠而中止会员的会员资格）？我们应该更多地在地方层面来寻找这些民主的迹象，因为在地方层面，会员能够与工会官员保持最紧密的联系，熟悉工会事务，并拥有参与所在工会相关事务的最好机会。

但是，我们为什么关心工会是否民主这件事？毕竟，我们不太关心公司运作是否民主的问题，也很少过问诸如环保主义者或者退休人员等利益群体是否民主。其答案在于，工会在本质上是属于工人并为了工人（of workers and for workers）的组织。工会是属于会员的（of members），因为工会为实现目标而付出的努力大多数都来自会员，无论是担任委员会委员，在罢工期间进行纠察，还是在地方会议和全国大会上讨论工会政策，都是由工会会员进行的。工会是为了会员的（for members），因为工会的目的就是通过组建活动、集体谈判和政治行动促进会员的利益。[23] 所以，正如施特劳斯（Strauss）所说，民主对工会很重要，因为民主能够让工会官员知道会员的需求，并保证工会由“会员进行管理，而不仅仅是为其而管理”。[24] 民主通过排除那些表现不佳或者脱离会员需求的工会官员而让工会变得更有效率。同时，如果会员能够全面参与工会的决定和行动，罢工或政治集会中的会员动员就更有可能取得成功。工人关于工会特别是正开展组建活动的工会是以民主方式运作的认识，对于组建活动的成功是十分关键的；必须使尚未加入工会的工人相信，工会并非如其雇主经常声称的那样是由专制的工会老板来操持的。[25]

总体来说，工会是比较民主的。在大多数的工会组织中，都存在相当数量的积极分子（虽然并非正式的反对党），工会官员倾向于积极回应会员的需求（特别是集体谈判方面的需求），同时，工会官员相信，如果他们始终表现得冷漠无情或者自私自利，会员们将会投票免去他们的职务。

**工会中的腐败**[26]

工会腐败和工会民主是两个不同的问题，尽管“诚实”和“民主”这两个词经常被提起，就像他们是一枚硬币的两面。[27]事实上，在会员无法影响工会官员行为的工会中，对工会官员行为的监督不足，工会官员腐败并脱身的机会也会比较大。但是，民主的工会中也可能发生诸如财务不法行为等一些形式的腐败，正如专制的工会官员可能出于个人的领导风格而不是腐败的意愿来揽权一样。

2001—2005 年，超过 500 名工会官员被控犯罪。[28] 在众多工会中出现一些腐败现象并不让人吃惊。毕竟，工会官员有机会去窃取——工会有数十亿美元的资产，也有机会去敲诈——一些雇主愿意给工会官员一些好处以避免代价高昂的罢工并转入代价较小、标准较低的集体合同。然而，并没有证据证实有关工会领导人普遍腐败的常见指控。而且，与 50 年前工会腐败的深度和广度相比，今天的工会腐败只是小巫见大巫，当时，有组织犯罪渗透进一些工会（如卡车司机国际兄弟会与众多的地方建筑工会），许多工会领导人将工会财库视为个人财产，并常常以暴力来回应政治上的反对意见。然而，无论其程度如何，工会腐败破坏了劳工运动，因为它证实了雇主在组建活动期间的反工会宣传——宣称工会是由暴徒控制的，是工会老板的私人领地。腐败也损坏了工会的公共形象，削弱了工会关于成为男性和女性劳动者进步的代言人的宣言。工会无法用备受瞩目的企业腐败的例子来为其领导人的失败找借口。正如汽车工人联合会前主席道格拉斯·弗雷泽（Douglas Fraser）曾经指出的："企业的目的就是挣钱，但工会领导人本应当为劳动者提供帮助。"[29]

工会腐败既有简单的敲诈也有纷繁复杂的贪污计划。例如，2003年4月，卡车司机工会波士顿地方分会的领导人，同时也是马萨诸塞州最有实力的劳工领袖乔治·卡什曼（George Cashman）对共谋罪的指控表示认罪并入狱。乔治·卡什曼承认伪造了时间记录表让卡车司机非法领取医疗福利，他还向一家当时正被卡车司机工会起诉的企业进行敲诈——为获取回扣而与该企业达成和解。数年来，电影制片人曾经申诉，如果他们不向司机支付过高的工资和福利，卡什曼就会以威胁罢工和制作延期来向其施加压力，而那些司机根本没做什么工作或只做了一点工作。人们发现，与有组织犯罪相关的司机得到工作的时间要早于卡车司机工会的普通会员。[30]

一些工会官员直接将工会的财产当成了自己的。例如，美国教师联合会（AFT）佛罗里达州迈阿密-戴德县分会戴德县教师联合会的主席，也是该州政治生活中的重要人物帕特·托尼洛（Pat Tornillo）滥用工会信用卡为个人购买包括服装和奢华度假在内的物品和服务。他还从其所在的地方分会金库中提取现金，并挪用工会资金来改善住房条件、雇用服务人员。一项审计揭露，托尼洛挪用了近 250 万美元，他的同僚挪用了其他 150 万美元。在同一个教师工会的华盛顿特区分会，分会主席芭芭拉·布洛克（Barbara Bullock）与其同僚、工作人员承认贪污了 200 万美元工会资金，并向会员收取了过高的工会会费。这一贪污行为十分明显，布洛克一次性在工会信用卡上个人记账 180 万美元，分会已经无法按期支付房租与水电费。布洛克于 1994 成为分会主席，当时分会终止了上级工会要求进行的两年一次的审计工作，且没有受到反对。华盛顿和佛罗里达州的贪污案例发生后，美国教师联合会决定加强其财务控制力度。[31]

最近发生在卡车司机工会的工会腐败可能是最广为人知的腐败案例。[32] 此事极为讽刺，因为正是富有改革意识的卡车司机工会主席罗恩·凯里（Ron Carey）的支持者为了保住凯里的主席之位，并保护工会免受有组织犯罪的侵扰，滥用了工会的资金。这是关于错误地认为，只要目的正确，手段就可以卑鄙的一个经典实例。

20 世纪 90 年代以前，卡车司机工会曾有三位主席被捕并被判犯有腐败罪行（通常是敲诈和滥用工会资金），包括其传奇领袖詹姆斯（吉米）·霍法（James Hoffa）。霍法在 1967 年至 1971 年任卡车司机工会主席，随后因干预陪审团入狱 4 年。他在 1975 年被释放后失踪，很可能成了匪帮谋杀的受害者。1989 年，卡车司机工会同意接受联邦法院的判决，以解决政府检察官提起的敲诈勒索之诉。该判决授权独立的评审委员会监督卡车司机工会的选举活动，并在全国和地方层面调查工会官员的腐败问题。[33]

1991年，凯里在承诺要清除工会腐败后被选为卡车司机工会的主席。他被广泛赞誉为“清廉先生”（Mr. Clean），一位充满活力的领导人，人们认为他率领的改革派将清理一个腐败的庞大工会，为其他工会反对腐败的起义者们树立榜样，并成为复兴劳工运动的重要角色。凯里当选后，雇用了改革派的工作人员，削减了自己的工资，摒弃了卡车司机工会私人飞机等奢侈品，并因此而声名鹊起。然而在其1996年的再任竞选中，他受到了前任主席詹姆斯·霍法的儿子小詹姆斯（吉米）·霍法（James P. Hoffa, Jr.）的挑战。凯里以52%的得票率赢得了选举，但是霍法的支持者指控工会资金在竞选中被挪用了。负责监督卡车司机工会的联邦政府受托人就指控进行了调查，并发现了足以取消选举结果的证据。

负责凯里竞选活动的人卷入了一个复杂的洗钱计划，以将卡车司机工会金库的资金非法地转移到竞选资金中。在竞选后期，他们担心会出现最坏结果——当时霍法正获得支持，支持霍法的那群人为其提供资金支持，霍法可能会赢下选举并把贪污腐败的工会官员带回工会。凯里需要直接向会员邮寄宣传材料来加强其竞选活动，然而这项工作需要大概70万美元，这超出了凯里的负担能力。但他的支持者想出了许多办法来吸取卡车司机工会金库的资金。其中一个办法，是由一个游说团体的捐赠者向凯里的竞选活动捐款，卡车司机工会则通过向该团体支持的相关组织转移资金来进行回报。另一个办法是，凯里的支持者承包一个电话推销公司的工作，条件是该公司向凯里竞选活动捐款。

凯里的胜选结果被取消了，并被禁止参加新的竞选。他退出了工会职务。1998年，霍法以55%的得票率击败了得票率39%的改革派候选人汤姆·利达姆（Tom Leedham）。卡车司机工会许多曾经支持凯里的工会官员投票给了霍法，因为他们认为霍法能够团结卡车司机工会并在接下来的谈判中对抗强大的雇主。霍法声称其能取得胜利，是因为投票人明白他能够管理卡车司机工会。“会员能看到，我们是一个能干的管理团队。我们所赢得的工会曾经处于严重的混乱之中，而我们把它凝聚到了一起。”[34] 2001年10月，在凯里就挪用工会资金问题上说谎的指控（凯里的支持者已经承认了）案中，凯里被宣判无罪。[35]

霍法当选后，开始着力减少卡车司机工会的腐败，并要求政府结束对该工会的监督。2002年10月，卡车司机工会发布了一份由一位顾问进行的内部评审报告，得出结论说：“在卡车司机工会内，有组织犯罪已经不再像之前一样成为一个问题……有组织犯罪已经不再统治或者严重影响卡车司机工会。”[36] 然而这一证据的说服力并不充分，政府对该工会的监督仍然继续进行着。[37]

有些时候，工会官员的行为有违道德但却完全合法。例如，美国ULLICO公司（Union Labor Life Insurance Company，工会劳动人寿保险公司）——该公司属于工会所有，负责为会员提供保险和养老金服务——的部分工会官员通过在合适的时机买卖公司股票而大发其财。[38] 1999年，这些官员按照由公司委员会确定的价格购买了 ULLICO 公司的股票，而他们正是该委员会的成员，完全清楚股票价格将很快上涨。一年后，这些人能够以其买入价格 3 倍的价钱卖掉所持股票。出售股票的时机非常完美，他们本就知道 ULLICO 公司的股票很快将会确定在较低的价格，因为它向即将破产的 Global Crossing 有限公司进行了大量的投资。这些官员买入 ULLICO 公司股票时每股价格不足 54 美元，而在股票价格下跌前每股估值达到了 146 美元。他们共获利达 1370 万美元，ULLICO 公司的主席和首席执行官，同时也是劳联-产联建筑业部的前主席罗伯特·乔金（Robert Georgine）从股票出售中获得了 600 万美元。[39]

在 ULLICO 公司丑闻一事上，劳工运动出现了严重的意见分歧。一些工人领导人认为，ULLICO 公司官员的行为是合法的，应当保留其收益。他们主张，在企业里董事会董事内部获利是很正常的，但另一些人则认为，在工会如此激昂地攻击企业的贪婪与不诚信时，发生这样的丑闻损害了劳工运动的声誉。这些官员的行为可能是合法的，但却是声名狼藉的。一家报纸的社论将 ULLICO 公司事件描述为“一项重大的、偷偷摸摸的、自我交易的股票密谋”，由“工会老板”收割“战利品”而宣告完成，这比公司丑闻更恶劣，因为有这么多的工会官员卷入其中。[40] 迫于众多工会领导人的压力，乔金和其他董事辞职了，一个新的官员团队掌握了 ULLICO 公司。新的董事会要求所有在股票交易中获利的人交回收益。[41]

## 工会行政管理

### 工会与信息技术

工会官员与职员貌似对信息技术提高工会效率的能力有无限的信心。20 年前，计算机改善了工会的内部运作，特别是在保管记录方面，然而计算机也造成了“自动化孤岛”问题——工会各部门之间即使有联系也非常少。但在今天，信息技术明确聚焦于联系、将信息转化为电子形式（如信息储存与提取以及可搜索的数据库）并广泛快速地散布信息（如通过因特网、万维网和邮件以及无线通信等形式）。

几乎所有的工会都有自己的网站（在附录中列举了一些）。一个典型的工会网站会对工会作出描述，包括工会的职责与历史，集体谈判与组织成就的新闻，以及工会官员与工作人员的地址、电话和邮箱。工会网站号召人们支持得到工会支持的政治候选人，并登载工会章程和部分集体协议的摘要或全文。网站还可以用来协调罢工活动，告知会员集体谈判的最新进展，并将工人与工会组织者联系起来。有关工会复兴运动的相关提议对信息技术寄予厚望，预想网络工会（the cyberunion）将要兴起——网络工会为了与会员和潜在会员进行沟通，通过万维网和因特网对工会体系进行了深度整合。[42] 然而，许多人没有意识到，信息技术对工会而言更可能是一个威胁而非拯救者。雇主通过建立自己的内部网络——局域网，拥有了与其雇员快速且低成本沟通的方式。在其最初级的形式中，利用网站发布企业的时事通信和培训材料，并登记参加福利计划的工人。然而，局域网可以进化为那些想向管理层表达不满、寻求解决或者想与主管人员和人力资源专家商谈的工人的论坛。通过这种方式，企业的局域网可以为工人提供一个发言的渠道，而这通常是工会的角色。局域网还增进了工人对企业及其政策的认同感。在已建工会的工作场所，局域网能够帮助雇主与工会争夺工人的忠诚，在未建工会的地方，则能够降低工人对工会代表的兴趣。简言之，如果工会可以通过互联网拉近与工人的关系，那么雇主也同样可以。

不仅如此，在工会与雇主的局域网进行竞争时，他们最终可能使自己与会员越来越疏远。那些在网上确立了显著存在的工会可能牺牲了与会员的个人联系，并减弱了参与和付出的潜力。工会面临的挑战是如何利用信息技术来加强其在工人工作领域作为工人代言人的角色，而不是把自己变成另外一个网站。[43]

### 工会的效率[44]

支持将信息技术应用到工会的人经常提到提高效率这个说法，在后面关于集体谈判和工会政治活动的讨论中，我们还会考察工会效率这个问题。效率问题让工会面临两难困境。工会无法避免人们对其效率、提高效率或在困难时期保持效率的能力进行评价。会员们十分期望其工会是富有效率的代表者。未参加工会的工人试图在其投票赞成工会成为其谈判代理人之前，对工会效率的高低进行评估。公众在质疑工会在我们经济体中是否仍然发挥重要作用时，也总是会评估工会的效率。然而，效率问题很难定义和测量，而且它可能并不总是工会的主要目标。

一部分问题在于，工会的效率无法像我们评估企业的效率那样，从财务的角度进行测量。[45] 工会的目标不是显示季度或年终利润，或者在其资产负债表中有盈余。相反，工会扩充资源的目的是代表工人与雇主打交道、组建新会员以及运用其政治影响力推动有利于会员和全体工人的立法。工会主要的收入来源是会员缴纳的会费，其主要支出是工会官员和工作人员的工资。[46] 会费收入取决于工会的规模（如缴纳会费的会员数量）以及愿意缴纳会费的会员数量，而不是工会官员或工作人员的投资决策或者工会服务的销售情况。工会会费通常是会员按月缴纳的一个确定金额，或者是会员每月指定小时数的工资。卡车司机工会和采矿工人联合会的会费是会员小时工资的倍数。劳动者工会的会费按其会员月收入的一个固定百分比收取。演员公会因为总是有大量的失业会员和少量高收入的就业会员，所以按照每月统一的费用加总收入的百分比来收取会费。[47]

虽然工会的效率问题无法用工会的财务状况来测量，但也不能与之完全脱离。对工会而言，获取财源并不是其目的。如果工会产生年度盈余，会员会认为要么是会费定得太高，要么是工会提供的服务水平太低。反之，如果工会有大量的预算赤字，那么其组织活力就会受到损害。我们不能要求工会成为赚钱的企业，同时也不允许他们成为亏损的组织。[48]

工会的财务报告必须符合会计标准，同时要接受美国劳动部门对违规行为的审计。[49] 但是，无论工会的资产负债表和损益表多么准确，由此来观察工会都只能是管中窥豹。例如，服务业雇员工会的财务会计报告只会展示该工会的巨大规模（它在 2002 年的现金收入大概为 1.51 亿美元）、其收入的主要来源（90%以上来自地方工会收取的会费）以及其对更多资金的需要（现金支出超过收入大概 900 万美元）。[50] 但这些实际上并无法让我们了解服务业雇员工会的效率情况及其基本特征——它是规模最大且增长最快的工会之一；在政治和组建活动中极度活跃；是小工会合并为大工会做法的重要支持者；其主席安德鲁·斯特恩（Andrew Stern）是劳联-产联领导的主要批评者；是与 12000 个雇主开展谈判的代理人；其会员组成十分多元化（超过一半是女性会员），包括许多低收入的医疗保健服务人员和建筑服务工人。[51]

什么是工会效率？罗斯（Rose）和蔡森（Chaison）从最广泛的意义上，将工会效率定义为工会实力、能力以及在组织、谈判和政治活动三个主要工会活动中更好的表现，以及工会最优化。他们指出，对普遍的劳工运动来说，工会密度——加入工会的劳动者比例——下降的原因是工会不能招募到足够的新会员来弥补已建工会工作场所的岗位流失。因为劳动者加入工会的比例越来越低，工会在谈判中转为守势，努力反击承受着无工会企业激烈竞争压力的雇主对工会过去成果的攻击。工会密度依然在持续下降，工会也发现在政治中发挥影响力的唯一办法就是通过联盟合作来开展工作，这意味着工会的重点要转移到诸如更高的最低工资标准或者医疗改革等更加宽泛的议题上来，而不仅是推动工会组建和集体谈判方面劳动法律的改革。由于工会处于弱者地位，缺乏推动有利于工会组建和集体谈判相关法律出台的能力，工会的效率被进一步削弱了。[52]

效率意味着可以运用某个领域的实力去促进另一个领域实力的发展。例如，美国通信工人工会利用组建活动和工会合并来加强其在谈判中的力量，已经顺利地适应了雇主竞争、行业解除管制和公司资产剥离等情况。在大多数工会无法发展的时候，美国通信工人工会却实现了增长，它利用了包括在国家劳动关系委员会程序之外进行组建、把小型工会兼并到其行业部门等在内的任何必要的手段。它还利用其谈判实力迫使雇主缓和对工会组建活动的反对，并利用其在各州和联邦层面的政治影响力来扩张其集体谈判的覆盖率。[53] 在一个领域的效率催生了另一个领域的效率。

我们在考察工会效率时，必须考虑到工会一直在平衡其官僚主义的一面与政治的一面。在许多情况下，以民主的方式运作可能比高效地运作更加重要。例如，一个正在衰落的小型工会的会员可能因为对其工会传统的眷恋，以及对该会虽无效率却神圣庄严的章程即将失效的担忧，而拒绝将工会并入一个更大的工会。我们可以批评该工会的会员拒绝对其有利的合并，但是如果他们的领导人认为合并有利，就在未经会员批准的情况下签署合并协议的话，实在令人大跌眼镜。

## 结　论

工会是一个复杂的，由其自己的官员、管理机构、章程和代表大会进行自我管理的组织。因为工会是被治理而不是仅仅被管理的，我们期望工会以民主的方式进行运作，虽然工会民主并不总是易于衡量。而工会官员腐败的可能性和工会效率的不确定性更是增加了工会的组织复杂性。

## 参考文献

1. 例如，卡车司机国际兄弟会的章程有 231 页，而美国通信工人工会的章程只有 26 页。

2. American Federation of State, County and Municipal Employees. (2002). *Constitution of the American Federation of State, County and Municipal Employees*. www. afscme. org/about/const_ tc. html; International Brotherhood of Teamsters. (2002). *Constitution of the International Brotherhood of Teamsters*. Washington, DC: International Brotherhood of Teamsters; Communications Workers of America. (2002). *CWA constitution as amended*. Washington, DC: Communications Workers of America.

3. For example, the control of the national union over locals is described in American Federation of State, County and Municipal Employees. (2002). Article IX, Subordinate Bodies. *Constitution of the American Federation of State, County and Municipal Employees*. www. afscme. org/about/const_ tc. html; United Mine Workers of America. (2000). Article 10—Local Unions. *Constitution of the International Union, United Mine Workers of America*. Fairfax, VA: United Mine Workers of America, pp. 80-95. In regard to control over local bargaining, see United Food and Commercial Workers. (2003). Article 23, Collective Bargaining

Contracts. *Constitution of the United Food and Commercial Workers*. Washington, DC: United Food and Commercial Workers.

4. Communications Workers of America. (2002). Internal Appeals Procedures. *CWA Constitution as amended August 2002*. Washington, DC: Communications Workers of America; American Federation of State, County and Municipal Employee. (2003). Article 2, Bill of Rights for Union Members. *Constitution of the American Federation of State, County and Municipal Employees*. www. afscme. org/about/const_ tc. html; United Food and Commercial Workers. (2003). Article 26, Disciplinary Procedures and Appeals. *Constitution of the United Food and Commercial Workers*. Washington, DC: United Food and Commercial Workers。可能最为知名的内部审判程序是美国汽车工人联合会的公共审查委员会，在该委员会中，由中立者组成的小组做出最终的决定。该程序主要处理官员违反工会道德行为法令的行为。United Automobile Workers. (2002). Article 32, Public Review Board, *Constitution of the International Union United Automobile Aerospace and Agricultural Implement Workers of America UAW*. Detroit, MI: United Automobile Workers。

5. Communications Workers of America. (2002). Article VIII—Conventions. *CWA Constitution as amended August 2002*. Washington, DC: Communications Workers of America; United Steelworkers of America. (2002). Article VI, Conventions. *Constitution of the International Union, United Steelworkers of America*. Pittsburgh, PA: United Steelworkers of America; American Federation of State, County and Municipal Employees. (2003). Article 5, The convention. *Constitution of the American Federation of State, County and Municipal Employees*. www. afscme . org/about/const_ tc. html; International Brotherhood of Teamsters. (2002). Article III, Convention and Representation. *Constitution of the*

*International Brotherhood of Teamsters*. Washington, DC: International Brotherhood of Teamsters; United Automobile Workers. (2002). Article 8, Conventions. *Constitution of the International Union United Automobile Aerospace and Agricultural Implement Workers of America*. Detroit, MI: United Automobile Workers; United Mine Workers of America. (2000). Article 7—International Convention. *Constitution of the International Union, United Mine Workers of America*. Fairfax, VA: United Mine Workers of America; International Brotherhood of Teamsters. (2002). Article 3—Convention and Representation. *Constitution of the International Brotherhood of Teamsters*. Washington, DC: International Brotherhood of Teamsters; Laborers International Union. (2001). Article V, Convention and Representation. *Constitution of the Laborers International Union of North America*. Washington, DC: Laborers International Union.

6. United Steelworkers of America. (2002). Article 6, Conventions. *Constitution of the International Union, United Steelworkers of America*. Pittsburgh, PA: United Steelworkers of America.

7. For example, see American Federation of Teachers. (2002). Bylaws, Articles 1-9, *Constitution of the American Federation of Teachers, AFL-CIO*. Washington, DC: American Federation of Teachers.

8. 美国矿工联合会的主席具有罢工方面的巨大权力："只有国际工会主席有权号召或者授权举行罢工……除非有国际工会主席的批准，任何地区或地方工会都无权号召或者授权举行罢工。" United Mine Workers of America. (2000). Article 19—Strikes. *Constitution of the International Union, United Mine Workers of America*. Fairfax, VA: United Mine Workers of America, pp. 132-133。

9. 美国矿工联合会只有一位副主席，但却有一个由来自该会 8 个地区的成员组成的执行委员会。United Mine Workers. (2000). Article 4—International Officers. *Constitution of the International Union, United Mine Workers of America*. Fairfax, VA: United Mine Workers of America。

10. International Brotherhood of Teamsters. (2002). Article IV, Officers, Delegates, Elections. *Constitution of the International Brotherhood of Teamsters*. Washington, DC: International Brotherhood of Teamsters.

11. Laborers International Union. (2001). Article VI, Officers. *Constitution of the Laborers International Union of North America*. Washington, DC: Laborers International Union.

12. Communications Workers of America. (2002). Article 12—Officers and Their Duties. *CWA Constitution as amended August 2002*. Washington, DC: Communications Workers of America.

13. Communications Workers of America. (2002). Article 9—Executive Board. *CWA Constitution as amended August 2002*. Washington, DC: Communications Workers of America.

14. 一些工会的章程甚至会给予管理委员会近乎无限的权力，采取必要的行动来推动和维护工会的福利和利益。例如，关于劳动者国际工会总执行委员会的膨胀的权力，参见 the expansive authority of the Laborers' General Executive Board in Laborers International Union. (2001). Article 8, General Executive Board. *Constitution of the Laborers International Union of North America*. Washington, DC: Laborers International Union。美国教师联合会的执行委员会也拥有广泛的权力，其中包括“在两次工会代表大会之间处理联合会所有事务”的权力，American Federation of Teachers. (2002). Article VI, Executive Council, section 13. *Constitution of the American Federation of Teachers, AFL-CIO*. Washington, DC: American Federation of Teachers。

15. Geoghegan, T. (1998). *The lexicon of labor*. New York: New Press.

16. Chaison, G., and Rose, J. (1989). Unions: Growth, structure and internal dynamics. In J. C. Anderson, M. Gunderson, and A. Ponak (Eds.), *Union-management relations in Canada*. Don Mills, Ontario: Addison-Wesley, pp. 125-154.

17. 关于工会民主的两项经典研究：Lipset, S. M., Trow, M., and Colemen, J. (1956). *Union democracy: The internal politics of the International Typographical Union*. New York: Doubleday; Edelstein, D. J., and Warner, M. (1975). *Comparative union democracy: Organization and opposition in British and American Unions*. London: Halstead。关于工会民主研究资料的回顾，参见 Strauss, G. (1991). Union democracy. In G. Strauss, D. G. Gallagher, and J. Fiorito (Eds.). *The state of the unions*. Madison, WI: Industrial Relations Research Association, pp. 201-236。

18. Chaison, G., and Rose, J. (1977). Turnover among presidents of Canadian national unions. *Industrial Relations*, 16, pp. 199-204.

19. 关于工会官员调整的措施，参见 Strauss, G. (2001). The present state of national union democracy. In S. Estreicher, H. C. Katz, and B. E. Kaufman (Eds.), *The internal governance and organizational effectiveness of labor unions*. New York: Kluwer International。虽然施特劳斯（Strauss）也提到大型工会特别是纺织与服装工会和服务业雇员工会的官员面临的一些有力挑战，但小型工会官员的调整更加激烈。

20. AFGE chooses new president. (2003, August 22). *Washington Post*, p. A19; Miller, J. (2003, August 21). AFGE elects new president. *Newsbytes*. www. gcn. com.

21. Union outs president. (2003, August 22). *New York Times*, p. A16.

22. Greenhouse, S. (2002, March 13). Longtime head of city hospital union loses re-election bid. *New York Times*, p. B8.

23. Fiorito, J., Jarley, P., and Delaney, J. T. (1993). National union effectiveness. *Research in the Sociology of Organizations*, 12, pp. 111-137。关于工会会员作为工会关键选民的讨论，参见 Chaison, G., and Bigelow, B. (2002). *Unions and legitimacy*. Ithaca, NY: Cornell University Press, pp. 28-33。

24. Strauss (2001), p. 57.

25. Strauss (1991, 2001).

26. 关于工会腐败问题的历史回顾，参见 Hutchinson, J. (1972). *The imperfect union: A history of corruption in American trade unions*. New York: Dutton。工会腐败问题主要规定于 the Landrum-Griffin Act of 1959 (the Labor-Management Reporting and Disclosure Act)，特别是其中要求工会备案财务报告并保持养老金计划合理标准的相关章节。关于工会内部事务规定的评论，参见 Goldberg, M. J. (2001). Union democracy, American democracy, and global democracy: An overview and assessment. In S. Estreicher, H. C. Katz, and B. E. Kaufman (Eds.), *The internal governance and organizational effectiveness of labor unions*. New York: Kluwer Law International, pp. 75-83。同时，检察官运用《反有组织犯罪及腐化组织法》(RICO) 对全国工会（如劳动者国际工会、旅馆与餐厅雇员国际工会以及卡车司机国际兄弟会）以及多个地方分会实施监控程序。这一监控程序是法院支持的妥协协议，据此，工会领导人与联邦政府检察官同意，如果由监控者委员会负责控制工会选举和工会财务事务，那么就不再起诉工会官员。关于腐败的讨论并非专门针对工会与暴力。虽然工会官员可能参与涉及向工会会员、其他工人以及雇主实施暴力的腐败行为（如通过勒索和恐吓），大多数的工会暴力活动发生于罢工期间，特别是那些针对跨越纠察线或者涉及破坏企业财产的罢工活动。例如，参见 Craft，J.（2001）. Union violence：A review and critical discussion. *Journal of Labor Research*，22，pp. 679–694；Thieblot，A. J.，Jr.，and Northrup，H. R.（1999）. *Union violence：The record and response by courts，legislatures and the NLRB*. Fairfax，VA：George Mason University，Olin Institute。

27. Goldberg（2001），p. 75.

28. Greenhouse，S.（2005，April 17）. Labor Department plans increasing scrutiny of union finances. *New York Times*，p. A20.

29. Greenhouse，S.（1997，October 28）. Series of new corruption cases hampers labor's efforts to improve its tainted image. *New York Times*，p. A20.

30. Sullivan，J.（2000，August 19）. Records：Cellucci knew of studio's gripes：Memos cite alleged Teamster troubles. *Boston Herald*，p. 1；Sullivan，J.（2000，August 20）. Records：Teamsters answered only to Cellucci—Filmmakers complained often to state officials. *Boston Herald*，p. 4；Kurkjian，S.（2000，August 12）. Teamsters to probe movie dealings：Union headquarters says inquiry launched athub local's request. *Boston Globe*，p. B5；Phillips，F.（2003，April 26）. Cashman's guilty plea ends a long flirtation with GOp. Boston Globe，p. B1；Lavoie，D.（2003，April 26）. Union leader pleads guilty. *Worcester Telegram and Gazette*，p. A13；Ranalli，R.，and Murphy，S.（2003，April 25）. Hub Teamsters chief seen taking plea deal. *Boston Globe*，p. A1.

31. Greenhouse，S.（2003，June 1）. F. B. I. is investigating teachers' union leader in Miami area. *New York Times*，p. A16；Labor，teachers unions probed for corruption.（2003，July 1）. *Facts on File*，p. 621D3；Parker，L.（2003，February 7）. Along D. C.'s gold and platinum coasts，a wave of outrage. *Washington Post*，p. C1；Leonnig，C. D.（2004，January 31）. Ex-teachers

union chief gets nine years. *Washington Post*, p. A1。工会的工作人员也可能卷入腐败问题。例如，在2003年，马萨诸塞州教师协会的前主任因贪污超过80万美元而被判入狱2年。在1996年以来的6年中，Richard Anziviono为自己开支了270张工会支票并用这些支票支付相关花销。Ex-union leader jailed for stealing $800，000.（2003，December 19）. *Telegram and Gazette* (Worcester), p. A2。

32. 关于卡车司机工会选举丑闻的报道，参见Greenhouse, S. （1997, September 21）. Behind turmoil for Teamsters, rush for cash. *New York Times*, p. A1; Greenhouse, S.（1997, November 19）. Tarnished knight of a revived labor movement. *New York Times*, p. A28。

33. 根据联邦核准法令建立的卡车司机国际兄弟会独立审查委员会，由司法部长委任的一名成员，卡车司机国际兄弟会委任的一名成员以及卡车司机国际兄弟会和政府被委任者选择的一名成员组成。该委员会聘用职员调查关于工会腐败活动的指控。在2002年，该审查委员会拥有13名调查人员和10名其他人员与管理人员。审查委员会总的运行费用是270万美元。U. S. Department of Labor.（2003）. *Form LM-2 Labor organization annual report*. Washington, DC: Government Printing Office, pp. 160-161。建立审查委员会的核准法令是88 Civ 4486美国诉卡车司机国际兄弟会案。卡车司机国际兄弟会250多名被指控犯下腐败罪行的官员辞去了相关职务或者被驱逐出工会，而詹姆斯（吉米）·霍法（James Hoffa）曾经游说联邦政府结束对卡车司机国际兄弟会的监督。Greenhouse, S.（2001, September 9）. Teamsters seek to end U. S. over sight. *New York Times*, p. A26。

34. Greenhouse, S.（2001, November 16）. Hoffa claims victory in bid to stay head of Teamsters. *New York Times*, p. A14.

35. Chen, K.（2001, October 15）. Carey acquitted on all counts in federal

trial. *Wall Street Journal*, p. B12.

36. Teamsters winning fight against organized crime. www. teamster. org/02news/nr_ 021003_ 1。高柏（Goldberg，2001）认为，尽管凯里在竞选中接受了不当资金的支持，但“卡车司机国际兄弟会的民主建立得非常牢固，超出了最乐观的观察家的预计”。

37. 有观点认为，卡车司机国际兄弟会的腐败仍然盛行，唯有将卡车司机国际兄弟会转变为民主的工会，成为普通会员积极分子的改革型工会，才能使该会避免陷入过去的困境。参见 Goldberg，M. J.（2005）. Teamster reformers：Their union，their jobs，their movement. *Journal of Transportation Law，Logistics and Policy*，72，pp. 13-27。

38. ULLICO 公司建立于 77 年之前，当时是为了向入会工人提供丧葬保险，而今，该公司已经成为一家拥有 27 亿美元资产的退休年金、养老金经费以及团体健康和人寿保险的提供者。关于 ULLICO 公司的讨论，参见 Edsall，T. B.（2003，February 23）. Uproar over stock deals divides labor leaders. *Washington Post*，p. A4。

39. 在最近的自我交易案例的前几年，还有一件让人生疑的交易使 ULLICO 的形象受损。1997 年，ULLICO 将它拥有的一处资产，即位于佛罗里达州好莱坞的外交官酒店出售给了水管工工会。随后，水管工工会的领导人投资了 1 亿美元帮助建造了有 998 个房间的豪华大酒店外交官度假酒店，五年后该酒店以 8 亿美元的成本开门营业。美国劳动部起诉了水管工工会养老基金的官员，指控他们轻率地使用经费。按惯例，该酒店初次出售给水管工工会违反了禁止将大部分养老基金投入一项单一财产的联邦法律，然而，美国劳动部在 1999 年免除了相关人员的责任。参见 Bernstein，A.（2002，November 18）. Labor chieftains' secret stock deal. *Business Week*，p. 104。

40. Big labor's continuing scandal. (2003, April 6). *Washington Post*, p. B2.

41. Bernstein, A. (2003, April 28). It's looking uglier at Ullico. *Business Week*, p. 70; Bresnahan, J. (2003, March 20). Boehner targets Ullico. Roll Call. Greenhouse, S. (2002, November 28). Investigation of stock deal leads to criticism of union chiefs. *New York Times*, p. 30; Greenhouse, S. (2003, April 2). Report said creditors of union-owned insurer should return unfair trading profits. *New York Times*, p. A16; Greenhouse, S. (2003, April 8). Stock dealing at union-owned insurer creates a schism within labor. *New York Times*, p. A15; Greenhouse, S. (2003, April 23). Chairman of insurer says he plans to step down. *New York Times*, p. A25; Greenhouse, S. (2003, May 9). Laborers' leader takes over troubled union-owned insurer. *New York Times*, p. A23; Greenhouse, S. (2003, May 18). The Fighting O' Sullivan. *New York Times*, p. 32.

42. 关于工会与信息技术的主要研究，参见 Ad Hoc Committee on Labor and the Web. (2001, December 11). Why the Internet matters to organized labor. www.mindopen.com/laborweb; Shostak, A. B. (1999). *Cyberunion: Empowering labor through computer technology*. Armonk, NY: M. E. Sharpe. Also see the case studies in Greer, C. R. (2004). E-voice: How information technology is shaping life within unions. In D. G. Taras, J. T. Bennett, and A. M. Townsend (Eds.), *Information technology and the world of work*. New Brunswick, NJ: Transaction Publishers, pp. 55-75; Barnett, V. (2004). The use of information technology in a strike. In D. G. Taras, J. T. Bennett, and A. M. Townsend (Eds.), *Information technology and the world of work*. New Brunswick, NJ: Transaction Publishers, pp. 173-189; Shostak, A. M. (2004). Today's unions as tomorrow's cyberunions: Labor's newest hope. In D. G. Taras, J. T. Bennett, and

A. M. Townsend（Eds.），*Information technology and the world of work*. New Brunswick，NJ：Transaction Publishers，pp. 77–88。

43. 有关反对信息技术的意见，参见 Chaison，G.（2004）. Informationtechnology：The threat to unions. In D. G. Taras，J. T. Bennett，and A. M. Townsend（Eds.），*Information technology and the world of work*. New Brunswick，NJ：Transaction Publishers，pp. 89–99；Chaison，G.（2005）. The dark side of information technology for unions. *WorkingUSA*，8，pp. 395–402。

44. 关于工会有效性的讨论，参见 Fiorito，J.，Jarley，P.，and Delaney，J. T.（1993）. National union effectiveness. *Research in the Sociology of Organizations*，12，pp. 111–137；Rose，J. B.，and Chaison，G. N.（1996）. Linking union density and union effectiveness：The North American experience. *Industrial Relations*，35，pp. 78–105。

45. Strauss，G.（1975）. Introduction：Symposium—Union financial data. *Industrial Relations*，14，p. 132.

46. 工会会员与社会公众可以获得关于工会财务情况的信息。根据1959年《劳资报告和信息披露法案》关于报告的相关要求，工会必须每年向政府提供财务数据。这些数据在美国劳动部的网页上随时可得：http：//union_ reports. dol. gov/olmsWeb/docs/index. html。鉴于政府有意扩大有关工会报告的范围，工会将必须对其所捐助的信托及其他基金进行披露，同时还必须详细说明5000美元及以上的收入和支出情况。工会的官员抱怨说，这样做将给工会增加沉重的保存记录的负担，但小布什政府认为工会提交这些报告非常有必要，因为这些报告能够显示工会在政治运动和游说方面花费的具体内容。政府宣称，在财务报告中披露更多的细节可有效避免财务不端行为。工会将此视为共和党授意的在2004年全国选举前削弱工会政治实力的尝试。Valbrun，M.（2003，October 6）. Unions to dis-

close more on finances. *Wall Street Journal*, p. A2。关于新规定的描述，参见 U. S. Department of Labor. (2003). Labor organization annual financial reports final rule. www. dol. gov/esa/formrevfinal。

47. 对于卡车司机国际兄弟会的大多数会员而言，该会的会费是其小时工资率的 2.5 倍。美国矿工联合会的会员每个月缴纳的会费是其小时工资率的 3 倍。劳动者国际工会的会员每个月缴纳的会费最高额为 23 美元。钢铁工人工会的会费为会员每月全部收入的 1.3%，同时会费不应低于 5 美元，不应超过会员平均小时收入的 2.5 倍。演员公会会员的会费为每年 118 美元，再加上总收入的 2.25% 作为工作会费（每年不超过 30 万美元）。International Brotherhood of Teamsters. (2002). Article 10—Payment of Initiation Fees, Reinitiation Fees and Per Capita Tax. *Constitution of the International Brotherhood of Teamsters*. Washington, DC: International Brotherhood of Teamsters; United Mine Workers of America. (2000). Article 13—Initiation Fees, Dues and Assessments. *Constitution of the International Union, United Mine Workers of America*. Fairfax, VA: United Mine Workers of America; United Steelworkers of America. (2002). Article 14—Dues and Fees. *Constitution of the International Union, United Steelworkers of America*. Pittsburgh, PA: United Steelworkers of America; Laborers International Union. (2003). Article 8—Dues. *Constitution of the Laborers International Union of North America*. Washington, DC: Laborers International Union; Actors' Equity Association. (2001). Article 9—Membership and Dues. *Constitution of Actors' Equity*. New York: Actors' Equity。收取会费的地方分会会留存一部分工会会费，而缴费催单和人均费用将划拨给全国工会。不同工会的人均费用划拨比例不同。例如，汽车工人工会地方分会会员会费的 62% 被划拨给全国工会，而钢铁工人工会的划拨比例为 54%，劳动者国际工会为 35%，辅助工人工会为 27%。

www. teamster. org/2002specconv/brcchart10。

48. 关于工会财务状况的全面讨论，参见 Masters, M. F. (1997). *Unions at the crossroads: Strategic membership, financial and political perspectives*. Westport, CT: Quorum。马斯特斯（Masters）认为，工会的组建活动无法达到扭转工会密度下降趋势所需要的程度，除非工会能够显著地增加投入组建活动的经费。

49. 在 2005 年，政府提高了对工会的审计频率，宣称要展开针对工会贪污犯罪的斗争，虽然工会声称政府是因为工会在 2004 年大选中支持民主党候选人而进行政治报复。(Greenhouse, 2005, April 17)。

50. U. S. Department of Labor, Office of Management Standards. (2003). *Form LM-2: Labor organization annual report—Service Employees receipts and disbursements*. Washington, DC: U. S. Department of Labor, p. 4.

51. www. seiu. org; Bernstein, A. (2004, September 13). Can this man save labor? *Business Week*, pp. 80-88.

52. Rose and Chaison (1996), p. 100.

53. Katz, H. C., Batt, R., and Keefe, J. H. (2003). The revitalization of the CWA: Integrating collective bargaining, political action and organizing. *Industrial and Labor Relations Review*, 56, pp. 573-588.

| 第四章 |

# 作为谈判代理人的工会

虽然工会为发展工人的权益，也参与政治、举行社会活动并加入社区联盟，还会开展组建活动吸收工人加入工会，但工会工作的核心是代表工人进行集体谈判并在劳动领域执行集体协议。[1]其实很简单，工人选择加入或者组建工会作为其谈判代理人，与其雇主就工资、工时及雇用条件进行谈判。大多数工人——大约五分之四的私营部门工人和大约三分之二的政府工人——有接受工会代表并受集体协议保障的法定权利，虽然我们在前一章看到，全体工人中只有大概13%的工人被工会实际代表。[2] 当然，雇主并不愿与工会打交道，而是喜欢由自己作出所有的人事决策，但法律要求雇主承认工人的选择并以良好的意愿进行谈判。

## 谈判的基础

集体谈判是一个非常复杂的程序，每一套集体谈判都有其自己的历史、内容与特征，很难简洁地进行描述。有时，工会在获得认证后，在工作场所就其第一份集体协议进行谈判，会持续数月甚至数年与雇主会谈，并制订有数百项条款的合同。在另一些情况中，工会只和雇主会谈几次来修正工资和福利条款，或者改动一些模糊条款的措辞对原来的协议进行微调。谈判可能是友好的，也可能是激烈的；可能是对本行业近期谈判建立的模式的简单重复，也可能是高度试验性、探索性的。例如，谈判可以缓和新技术对劳动力的影响，或者通过对医疗福利进行轻微调整来节省大量费用。

然而，所有的谈判在本质上都可以归结为分配型（distributive）或整合型（integrative）两大类。如果是分配型谈判，那么工会和雇主会就稀缺资源的分配进行谈判，通常是有关工资和雇员福利。一方获利，另一方就受损。例如，如果雇主要增加10%的工资才能使其提议获得接受，那么雇主将失去10%，而工会则得到10%。这就是所谓的“赢—输谈判（win-lose）”或“零和谈判（zero-sum bargaining）”——一方的收益和另一方的损失之差为零。[3]

然而，还有一种整合型谈判，在其中，谈判双方因为整合了各自的目标并联合解决问题，因此都有所收获。例如，医院的管理者和护士工会经常就加班任务进行谈判。资方在分配加班时希望有最大化的工作弹性，而且试图通过分配加班而非雇用更多的护士来降低成本。护士工会希望加班时间少一点，这样工作日程安排对护士工作的便利和病人的安全来说，更有可预期性。当开展整合型谈判时，谈判双方都承认共同实现其大多数目标是可能的。例如，在关于马萨诸塞州 Worcester 医院的集体协议中，加班工作既没有被完全禁止，也不能自由分配。每天强制加班的数量是有限的，护士一年中被分配加班的次数不能超过8次，而且护士在感觉疲惫或者不舒服的时候，可以拒绝加班工作。[4]

最近有关整合型谈判的例子中，最著名的应该是发生在2002年西海岸码头的有关引入新的信息技术的争议。工会——国际码头和仓储工会试图维护其1.05万名码头工人和文员的岗位，但资方——太平洋海事协会（the Pacific Maritime Association，在码头经营业务的多雇主协会）希望引进能够追踪货物的扫描仪并削减一些工作岗位。双方不同的主张导致了让人难以置信的激烈争议——雇主认为，由于工会要求在谈判中给雇主施加压力，工人正在岗位上磨洋工，于是他们把工人拒之门外。这一封锁关闭了从西雅图到圣迪亚戈的所有太平洋码头，每天损失近 10 亿美元，在美国总统根据联邦紧急争议法发布了返岗工作的命令之后，封锁才宣告结束。工会和资方认识到他们永远无法完全实现其主张，但根据双方最后达成的协议——一份 6 年的合同——资方可以引进新技术，也不会有裁员，受新技术影响的 400 个工作岗位将通过退休或者转业来消化，养老金计划也会增长以鼓励自愿退休。[5]

在至少一半的集体谈判协议中，整合型谈判形成了某种形式的工会—资方合作项目或者雇员参与计划。这些项目和计划包括了提高质量和生产效率的车间委员会，为提高工人工作技能和产出的工作岗位重组，以及为劳资双方提供新生产方法和工厂迁址等战略事务咨询的委员会等。[6] 这些安排通常是在工会和雇主认识到由国外低成本竞争带来的共同困境的情况下被采用的。他们担心，如果他们不能共同努力来提高生产率并降低成本，许多的工作岗位将不得不被削减。[7]

无论是分配型谈判还是整合型谈判，都是组织间的（interorganizational）——他们都是在工会和资方两方主体之间开展的。然而，集体谈判也有其组织内（intraorganizational）的一面。[8] 在工会和资方彼此会面之前，他们必须在各自内部进行非正式的协商，来确定和平衡各自一方的优先事项。例如，工会中年纪较大的工人可能希望他们的谈判代表为其争取对其最重要的养老金和医疗福利，而资历较浅、就业保障不足的年轻工人最关心的可能是新生产技术的影响问题。在雇主这一边，当公司总部希望通过降低工资来削减人工成本，而工厂管理层想集中精力减少非生产性的工作规则时，也可能会产生冲突。组织内的谈判——就谈判议题和优先事项达成内部共识——先于组织间谈判进行。工会和资方的谈判代表在谈判桌上提出的意见必须得到本方人员的支持，这样他们能够在谈判中同意这些意见。本质上，集体谈判包括两个方面，先是在去谈判桌之前达成协议，然后在谈判桌上达成协议。

## 集体谈判结构

谈判结构就是谈判的范围——谁和谁进行谈判。谈判涉及的可以是一个企业的一个工厂，一个企业的多个或者全部工厂，多个企业，一个地区行业内的所有企业，或者全国范围内的整个行业。同样，工会可以分职业代表工人，也可以一下子代表一个工厂或者企业的所有工人。

在一些行业，如建筑业，一个城市或者地区范围内的每个职业（管道工、油漆工、瓦工等），都进行单独的集体谈判。但在航空业，每个航空公司与代表主要职业（飞行员、乘务员、机师、运务工人等）的工会就全国性集体协议开展谈判。职业棒球的谈判结构是在全行业范围内进行的，美国职业棒球大联盟球员协会这一个工会代表了所有球队的所有球员。但在美国，最常见的谈判结构是分散性的：工会通常代表一个独立机构（如工厂、办公室）或者一个独立公司的生产工人。行业范围或者多雇主的谈判比较罕见。

工会和雇主彼此向对方施加压力来调整谈判结构的范围。他们这样做的目的，包括承认职业的独特性（如将医院护士作为独立的谈判单元），稳定一个地区（如全市建筑协议）或一个行业（如关于演员或运动员的全国性协议）的竞争，让罢工更加有效（如在酒店业进行公司级谈判，这样罢工行动就可以关停酒店所有的设施）或者更加低效（如在制造业进行单个工厂的谈判，这样如果一些工厂进行罢工活动的话，其他工厂也可以继续运转）。在政府雇员中，由于人事决定和预算编制是在每个学校董事会、警察部门或市政厅的层次进行的，所以谈判趋向于分散。在私营部门，雇主为了将罢工的危害最小化，希望将其工厂置于不同的集体协议之下，同时与工会协商改变劳动规则以提高工厂的生产率。在雇主的压力之下，20 世纪 80 年代以来，私营部门集体协商的结构持续下移（shifting downward）。[9]

## 集体谈判协议

美国大概有 18 万份集体谈判协议。这些协议的平均有效期为 3 年，所以每年大概要进行 6 万次谈判。[10] 每次谈判都是独一无二的。谈判中双方的让步以及最后的谈判结果受到众多因素的影响。这些因素包括工会与资方关系的活力（如双方是互相尊重还是公开敌对)，谈判的历史（如由此前谈判形成的对谈判事项的理解与承诺，谈判代表之间的私人友谊等)，上次协议中出现的问题(如合同语言十分模糊，事实证明难以执行)，以及双方谈判的优先事项（例如，资方对削减劳动成本以保持竞争力的需求十分强烈，而工会则把日益衰落的行业中劳动者就业岗位的保护置于重要地位)。

成千上万份的集体谈判协议中有很多共同的条款，表4.1对这些条款作了罗列。一些条款确立了合同执行的规则（如合同的重新协商及申诉程序)，其他一些条款则描述了工会和资方关系的各个方面（如资方对工会谈判地位的承认，资方将工作外包的权利等)。但绝大多数的条款用于确立就业规则（如工作时间和休息时间）和工人薪酬（如工资和养老金)。[11]

集体谈判协议并不是劳动力买卖合同。相反，这些协议通过阐述劳动者据以就业的条款，确立了雇主和工会的关系。协议因此受到其所覆盖工人的特殊状况与关切的深刻影响。例如，美国国家篮球运动员协会（the National Basketball Players Association）集体协议的众多事项中，就有关于新队员特别工资、联盟反麻醉品计划以及团队住宿等问题的条款。关于团队规则的条款规定："每支队伍都可以维持或者建立球员在任何时候都须遵守的规则，无论是否在赛场上；然而，这样的规则应当是书面的、合理的，并且不违反本协定或统一的球员合同（the Uniform Player Contract）的相关规定。"[12] 美国联合航空公司（United Airlines）与乘务员协会的协议中专设一节规定了飞行任务、费用和住宿、额外部分工作（指提供额外服务的不定期航班）和免费搭乘（运输乘务员前往航班或者由航班返回）等问题，甚至有一条要求“为本公司提供服务的乘务员，如果被外国政府拘禁或被俘虏，应当按月基本工资获得赔偿”。[13] 外百老汇剧院和制片人联盟（the League of Off-Broadway Theatres and Producers）与美国舞台导演和编舞协会（the Society of Stage Directors and Choreographers）之间的集体谈判协议中，有条款规定了部分节目通过灌制录像带或者通过电视直播进行制作时的报酬计算问题，规定了导演和编舞者获得其作品版权的权利，以及艺术许可问题。（“演员、替身演员、替补、布景设计师、服装设计师、舞台经理应当服从导演的许可。舞蹈队长应当服从编舞者的许可。此类许可不得被无理拒绝。”）然而，这些集体协议都是建立在一些基本条款构成的共同基础之上，这些条款涉及诸如雇主对工会的承认，协议的有效期，养老金与医疗福利计划，工会在协议期间不举行罢工、雇主不关闭工厂的承诺，以及表 4.1 所列举的其他众多事项。

**表 4.1　集体谈判协议的条款**

| |
|---|
| **协议的订立与管理：** |
| 谈判单元与雇员的定义 |
| 对工会作为谈判代理人的承认 |
| 合同有效期、重订合同与重新谈判 |
| 工会保障① |
| 专门委员会（如谈判、退休、安全） |

① 指以工人加入工会并且/或者支付会费，作为长期就业条件的相关要求。

**续表**

| |
|---|
| 申诉程序和仲裁 |
| 没有罢工，没有停工 |
| 合同执行 |
| **职能、权利和责任：** |
| 管理权① |
| 工厂关闭与搬迁 |
| 工作外包 |
| 在公司时间和场所进行的工会活动 |
| 工会—资方合作及雇员参与计划 |
| 技术变革的调控 |
| 对相关变革进行提前通知并与工会协商 |
| **工资决定与管理：** |
| 工资率与工资级差 |
| 津贴与补贴 |
| 激励制度与生产奖励计划 |
| 生产标准和时间研究 |
| 职业分类和职业评价 |
| 一般和个别的工资调整 |
| 向报到上班但无工可做者支付的报酬 |
| 加班费 |
| **工作和收入保障：** |
| 雇用和转职安排 |
| 就业和收入保障 |
| 缩短工时或实行工作共享以预防裁员 |
| 裁员程序及召回 |
| 有关人员流失的安排以及削减人员 |
| 晋升 |
| 培训和再培训 |
| 搬迁津贴 |

① 指规定管理层所拥有的不被协议左右的相关权利（如雇用工人的权利、安排工作时间的权利等）的条款。

**续表**

| |
|---|
| 遣散费和失业福利计划 |
| 工龄计算 |
| **工厂运营：** |
| 车间的规章制度 |
| 休息时间和其他在厂内时间的津贴 |
| 安全程序 |
| 工厂委员会 |
| 支付工作时间和假日工资的做法 |
| **轮班操作：** |
| 危险的工作 |
| 纪律与开除 |
| 工作服装与工具 |
| **带薪及无薪休假：** |
| 假期和节日 |
| 病假 |
| 丧假及事假 |
| 军事休假与当陪审员的义务 |
| **雇员福利计划：** |
| 健康保险计划 |
| 退休金计划 |
| 购买股票和利润分享计划 |
| 奖金计划 |
| 教育和培训项目 |
| **特殊群体：** |
| 学徒与学员 |
| 残疾工人 |
| 年长的工人 |
| 退伍军人 |
| 工会代表 |
| 反歧视的政策和程序 |

参见：Bloch，J. W.（1964）. V Union contracts－A new series of studies. *Monthly Labor Review*，87，pp. 1184－1185，as modified.

当一份集体协议需要重新协商时，相应各方应彼此通知自身进行谈判的意图。他们还会通知相关政府机构——美国联邦调解调停局（Federal Mediation and Conciliation Service），以获得可能需要的帮助，此类行为是完全自愿的。政府不能将协议强加于雇主和工会，但可以向谈判委派一位调停人来帮助当事人自主解决问题并达成协议。经常出现的情况是，调停人只是让当事人彼此理性交谈，以公平和灵活的方式考虑对方的提议与要求，做好提出还价的准备而不是固执地坚持自己的主张。[14]

在谈判结束且雇主与工会签署集体协议之后（当工会会员或者由会员挑选产生的谈判委员会的代表投票批准协议后，雇主与工会才能签署协议），必须在工作场所适用并执行该协议。集体协议的某一节确立的申诉程序提供了一项分为多个阶段的程序，工会或者雇主能够通过这一程序，提出协议被错误适用或者解决的相关主张。每年被处理的成千上万件申诉中（准确数字未知），大概90%是由工会及其会员提出的，60%的申诉是关于工人被资方无正当理由地处罚、停职或开除（discharge）的。[15] 如果当事人不能在各级申诉委员会会议上（例如，先是部门级别，然后是整个工厂级别的工会与资方申诉委员会），通过讨论独立地解决申诉，他们可以将案件提交仲裁——他们可以要求由一个独立第三方——仲裁员，来解决申诉，仲裁员将举行听证会并发布一项最终的、有约束力的裁定。每年大概有1.4万份申诉提交仲裁。[16]

工会作为谈判代理人的效果如何？在上一章，我们看到了评估工会有效性的巨大难度。就集体谈判而言，工会有效性的历史纪录与最近的趋势大相径庭。历史上，工会曾经是成功的谈判者——他们曾经将入会工人的工资较未入会的类似工人的工资提高了大概 20%，同时还提供了有价值的医疗福利、养老金和假期计划。[17] 然而，最近一段时期，工会已经在谈判中居于守势地位，其精力被用于保护过去的谈判成果，使其免于被资方削减。在谈判中，工会通常必须向雇主作出巨大让步，而雇主已经在利用谈判来降低运营成本。

## 妥协性谈判的回归

如今，工会和雇主是在激烈的竞争压力下进行谈判的。妥协性谈判（concessionary bargaining）作为一种极具争议性的分配型谈判形式，已然十分常见。虽然谈判总是包含一些妥协——如果工会和雇主不在其最初要求与提议之上做出妥协，那将达不成任何协议——但在妥协性谈判中，工会常常以接受工资和福利冻结或削减的方式，对迥异于过去趋势的条款表示认可。[18]

20 世纪 80 年代以来，许多雇主为增强竞争力，试图通过逼迫工会降低工资和改变工作规则，来压低成本并提高生产率。在此之前，我们没有看到妥协性谈判达到今天这样的程度。资方的要求常常以大规模裁员、破产和关闭工厂的威胁作支持。20 世纪 80 年代，妥协性谈判被广泛应用，因为雇主必须应对大萧条、来自国外的激烈竞争以及行业的去管制化（在货车运输和航空业）。他们认为，其企业的生存取决于更低的工资福利水平以及在决定如何开展工作方面有更大的灵活性。在 20 世纪 80 年代早期，近四分之一的集体协议中设有工资冻结或工资削减条款，大约三分之一的集体协议中有一次性工资支付的规定——这是以更低成本增加工资的方式，因为这些一次性支付的报酬（资金）不会被纳入工资率中。[19] 妥协性谈判在20世纪80年代晚期开始减少，因为企业有了利润收益并适应了国际竞争，然而自从21世纪初出现经济衰退后，妥协性谈判又卷土重来了。

有新闻分析总结认为，当前的谈判形势是“企业在全国范围内要求入会工人进行妥协。在企业努力应对疲软的经济形势、激烈的海外竞争以及高涨的医疗成本的时候，他们将妥协作为劳动合同的焦点问题，经常要求工资冻结、更低的起薪、更吝啬的养老金和更高的健康保险费与共付额”。[20]

对妥协的需要不仅来自那些威胁（相当可信地）要关闭工厂或者将工作迁往海外的失败雇主，还来自那些虽然赢利，但担心将来国际上可能出现的低成本竞争，现在就想要妥协的企业。同时，有一些证据表明，服务业企业如饭店的雇主，发现非熟练工人特别是移民数量过剩，认为这是降低工资和福利的好时机。[21]

近期进行的多数谈判有一个共同的特点，那就是雇主坚决要求工会放弃一些在过去谈判中获得的成果来帮助削减成本。否则，雇主就威胁说工作岗位将会因此减少。如果工会的谈判代表认为没有其他的选择，而且相信了资方对当前或将来困难的说法，那么就会同意妥协。例如，在和威瑞森公司（Verizon，一家美国电信运营公司）签订的一项协议中，工会同意协议时效为5年，其中规定了为期1年的工资冻结（以一次性支付代替正常的增长）

以及其余4年每年仅2%的工资增长。然而，工会成功抵制了雇主进行裁员或强制转移工人的企图（虽然这一工作保障并不适用于新员工），而且它不允许雇主将医疗福利的部分成本转嫁给工人。资方在谈判中提出了充足的理由，说明如果没有妥协，它将很难面对低成本的无线服务商的竞争。[22]

在另一个关于妥协性谈判的典型案例中，联合汽车工人工会与美国车桥制造有限公司（American Axle & Manufacturing）达成了一项协议，该协议保护了现有工人的工资却降低了新工人的工资。作为回报，工人得到了5000美元的签字奖励，保留了他们的医疗保障及养老金计划，并得到了最重要的对雇主关闭工厂的禁令。该工会的领导人表示：非常简单，工会将采取一切它认为必要的措施来保留好的行业岗位。[23]

由于公司在谈判中的最后提议让人难以接受，威斯康星州的泰森食品厂（Tyson Foods）工人举行了罢工。公司的提议包括为期4年的工资冻结、更低的新员工工资水平，取消一项利润分享计划，削减假期、病假和养老金，以及更加昂贵的医疗保健福利。然而，在罢工进行了将近一年之后，工会接受了公司的大多数条件，工会会员认可了这项合同。因为他们害怕公司在罢工期间雇用的替工将很快可以投票取消工会的谈判代理人资格。[24]

最极端的妥协性谈判发生在航空业，因为与飞行员、乘务员、机械师、地面人员和办事员工会进行谈判的雇主，要么是在破产法庭，要么就是在去法庭的路上。每个人都知道，航空公司正面临大麻烦。那些历史悠久的大型航空公司（legacy airlines，传统航空公司）不仅面临着美国捷蓝航空公司（JetBlue）和西南航空公司（Southwest）等廉价航空公司的激烈竞争，而且还因为经济衰退以及2001年“9·11恐怖袭击事件”后旅游放缓，导致乘客减少。同时，2004年和2005年燃料价格的上涨让航空公司削减成本的希望也破灭了。[25] 削减费用、获得收入是所有扭转航空业颓势计划的核心，而其主要方式是降低工人的工资与福利。[26]

这些传统航空公司利用破产或者即将到来的破产威胁来迫使工会同意让步。[27] 如果航空公司可以证明集体谈判协议严重妨害了公司经营，法院可以宣判协议无效。[28] 一位观察员就航空公司在破产法庭上的相对实力评论道：“在此之后，谈判就不存在了。无论工会同意与否，航空公司都能得到它想要的。”[29]

一般而言，工会妥协的内容包括了削减工资，提高雇员医保共付额度，修改工作规则以允许雇用更多的兼职或者非技术性工人，延长劳动时间，减少用工数量等。[30] 雇主还会向工会施压，迫使其同意通过降低工资、放松工作规则来开展廉价航空业务。[31]

在妥协性谈判中，不同的航空公司八仙过海，各显神通。例如，美国联合航空公司（United Airlines）通过砍掉养老金计划来削减成本，而美国航空公司（US Airways）则向工会提出了一个要求清单，并威胁如果工会不同意在工资福利方面做出重大让步，它还会在破产判决中提出更多要求。[32] 然而，无论采取哪种办法，发生在航空业的妥协性谈判都是雇主曾经做出的最极端的尝试。在2004年底，达美航空公司（Delta Airlines）的飞行员批准了一项新的5年合同，其得票率高达79%。这一合同与通常的集体协议大不相同。为了让企业每年能够节省10亿美元，飞行员的工资被削减了32.5%（或者工资最高的飞行员的工资每年减少大概9万美元）。[33] 2000年以来，达美航空公司已经损失了超过100亿美元，需要有所缓解。[34]

有观察者评论道："航空业的谈判缺少了相互妥协（give-and-take），而相互妥协是传统集体谈判的基础。我在此之前从未见到过这样的谈判，企业一直处于主动，而工会则一直在被动应付。"[35] 虽然达成了协议，但工会做出了巨大的让步，而且没有任何保证说将来工作岗位不会减少、破产可以避免或者不再需要更多的让步。而且，妥协性谈判已经变成了劳动关系的规范，形势相对较好的西北航空公司（Northwest Airlines）也认为自己应当向其工会要求一些让步。[36]

在大多数近期发生在航空业和其他领域的妥协性谈判中，雇主削减员工医保福利的企图是核心问题。医保成本在过去4年中，每年以两位数的速度增长，2004年增长幅度达到了11%，是年均工资增长速度（2.2%）的5倍。[37] 这是已建工会企业一个特别沉重的负担。在已经入会的工人中，有四分之三享有雇主提供的医疗福利，而未入会的工人中只有半数享有此福利。而且，在享有医疗福利待遇的工人中，有大约一半工人的福利费用由雇主支付（而在享受此类福利的未入会工人中，这一比例仅为14%）。[38]

为了对医保福利有所控制，雇主就增加工人在福利计划方面的支出，提高可扣除额度，缩小福利覆盖范围等问题与工会展开谈判。针对雇主谈判目标进行的一项调查发现，大约四分之一的雇主希望减少或者取消医疗保险福利（在制造业中几乎三分之二的雇主想要这样做）。在联邦政府试图介入，帮助工会和雇主解决集体谈判僵局（如对谈判僵局进行调解）的案例中，有半数案例所涉及的核心问题是医疗保障问题。[39] 一份关于食品杂货业谈判的评论，对其谈判局势简明扼要地评论道："合同协议谈判经常因为医疗保障问题而被拖延，因为雇主想在他们最昂贵的成本问题上寻求帮助，而工会的工人则坚持要求丰厚的医保福利，这些福利是入会劳工在21世纪取得的最大的成就（之一）。"[40]

雇主在集体谈判中削减医保福利的尝试通常都会遭到工会的坚决抵制，因为在困难和动荡的时期，工人尤其需要这些保障，而且工人认为医保福利方面的任何一点削减都会让他们承担灾难性的花费。因此，当以削减医保福利为目标的妥协性谈判导致了数十年间最大规模的罢工活动，即加利福尼亚食品杂货业罢工时，便毫不让人惊讶了。

2003年10月，加利福尼亚州规模最大的三家杂货连锁企业——西夫韦公司、阿尔伯特逊公司和克罗格公司——大约6万名工人拒绝了资方对妥协的要求，离开了他们的工作岗位。这三家杂货企业的工资福利成本至少比沃尔玛（Wal-Mart）的商店高出50%，而沃尔玛已经计划在该州布局开设数家超市。公司要求联合食品与商业工人工会（United Food and Commercial Workers）增加工人对其医保计划的贡献，还要求冻结现有工人2年的工资，并降低新员工的工资。[41] 沃尔玛是世界上最大的企业，而且以不建工会的方式进行经营，由于沃尔玛在经营中拥有巨大的经济规模，而且能够迫使供应商以更低的价格向其提供货物，因此对杂货连锁企业而言，它将会是一个颇难对付的低成本竞争者。同时，沃尔玛的医保支出比行业平均水平要低30%，三家杂货连锁企业认为，如果不要求重大的妥协，它们将无法与沃尔玛开展竞争。[42]

加利福尼亚杂货行业的罢工活动耗时漫长、结果苦涩。这次罢工持续了四个半月，三家公司的收入减少了15亿—25亿美元，而工会及其会员则损失了数百万美元（罢工期间没有失业福利，由雇主支付的医保福利也失效了）。[43] 2004年3月1日，一份新的集体谈判协议以86%的得票率获得了工人的投票批准，工人返回了工作岗位。这份协议包括了一项成本削减协议，即两个层次的报酬体系，这种协议曾经出现在20世纪80年代的妥协性谈判中。根据协议规定，新聘员工比起协议签订时已被雇佣的老员工来说，所得的工资更低、福利更少。工会同意了很多他们在罢工前已经拒绝过的资方提议。例如，老员工得以保有其医保福利，而新员工——处于较低层次的员工——在享受医保福利之前必须等待一个月的时间，而且福利内容减少了。[44]

在加利福尼亚杂货行业达成和解之后，妥协性谈判在该行业扩展开来。例如，一份为期6年，覆盖华盛顿特区、巴尔的摩地区的西夫韦公司和巨人食品商店（Giant Food Stores）3万员工的集体协议规定，新聘员工享有的医保福利待遇降低了。正如一份报纸分析所作的结论："这一协议，再加上加利福尼亚州悲惨的超市罢工的灾难性后果，可能会对全国的工人都产生长远而深刻的影响。"它显示了雇主削减成本的新决心，显示了医保福利作为一项重要谈判议题的重要性，以及工会恢复双层报酬协议的意愿，因为“是由现有会员投票让那些还不存在的新会员为他们作出牺牲”。[45]

如果加利福尼亚州杂货行业罢工是资方自信满满的新式谈判的标志，那么最近发生在汽车行业的谈判则表明了工会与雇主在困难时期，为了避免相互伤害的对抗而愿意付出的努力。面对日本和欧洲汽车制造商的激烈竞争，美国三大汽车公司（the Big Three）——通用汽车（General Motors）、福特汽车（Ford）和戴姆勒-克莱斯勒汽车公司（Daimler-Chrysler）与联合汽车工人工会打破传统，试图同时开展集体协议谈判。在过去，工会会选择其中一家汽车公司作为谈判对象，与之进行集体协议谈判，而后再要求其他两家公司同意进行类似的谈判。然而，在最近一轮谈判中，工会与企业想要在不进行罢工的情况下完成谈判工作，这是因为罢工只会加速汽车公司市场份额的萎缩（三大汽车公司的市场份额已经由1980年的75%下降到2002年的63%）并导致工会会员的大量下岗（比起1982年120万人的会员数量高峰，联合汽车工人工会的会员数量已经减少到当时的一半）。[46] 工会与企业同意放缓工资增长速度（包括在合同的前两年不提高工资），采取一次性支付形式的工资增长和签约奖金，并提高医保计划的共付额度。作为对这些让步的回报，企业承诺会提高工作稳定性并减少闭厂数量。[47] 正如一位观察者对这次谈判所描述的那样：“工会看到损失巨大、市场份额不断萎缩的企业出现了大规模的工人下岗，会发现无论他们喜欢与否，工会都与资方在一条船上。”[48]

汽车行业的谈判后不到两年的时间，通用汽车公司就取消了其白领工人的医保福利，并要求工会同意类似降低成本的做法，而此时原来签订的协议仍然处于有效期内。公司声称受到消费者担心燃油经济性等因素的影响，公司的销售收入下降了，这又造成了公司的财务困难。通用汽车必须为每位员工支付大约2.5个退休员工的医保福利，或者为生产的每辆汽车支付大约1400美元的总成本。虽然联合汽车工人工会没有理会就原合同重开谈判的想法，但要求工会让步的压力在持续加大，有消息说，中国将很快成为一个向美国出口廉价汽车的国家。[49]

长期协议是妥协性谈判的一个明确标志：资方想把工会的让步以长期的而非正常有效期的合同进行锁定，以节省更多的成本。1990年，79%的集体协议有效期都在3年以内，到了1997年，这一比例下降到63%。同时，5年及以上的集体合同比例由原来的6%增加到18%。2004年，一项调查表明，超过四分之一的雇主表示，他们愿意就超过4年的集体协议进行谈判，37%的雇主希望集体协议能够覆盖1万工人或者更多。[50]

有几份备受瞩目的协议的有效期长得不可思议。国际电气工人兄弟会（the International Brotherhood of Electrical Workers）与朗讯科技公司（Lucent Technologies）签订的集体协议有效期长达11年，机械师工会（The Machinists）与美国联合航空公司签订的协议有效期为6年，而联合汽车工人工会则与吉普公司（Jeep）一家工厂签订了一份为期8年的协议。[51] 国际卡车司机兄弟会（the Teamsters）和UPS快递公司（United Parcel Service）签订了一份有效期为6年的集体协议，工人在这一和解协议之下做得非常好，但正如一家报纸报道所说的："UPS快递公司虽然放弃了很多，但仍然等到了其想要的，即关于长期劳工和平的保证……这一保证给那些在过去5年中被2轮劳资争议搞得纷扰不堪的UPS公司客户带来了额外的稳定的希望。"[52]

## 罢工活动的衰落

在谈判中，工会通过罢工来迫使雇主同意其提出的条件。工会的目标是让工人暂停劳动来造成足够的经济伤害，从而使雇主因此确定（settle）或修改其在谈判中的条件。然而，罢工要顺利进行，必须避免造成过多伤害以致雇主再也无法满足工会的要求，或者甚至不得不关门大吉。

工会的罢工行动能否发挥作用？这一直是一个难以回答的问题，因为工会成功与失败的例子都很容易找到。例如，在1997年8月，国际卡车司机兄弟会举行了针对UPS快递公司的罢工行动，并达成了包括几乎所有工会要求的集体协议，这被广泛誉为工会强大罢工实力以及美国工会主义复兴的证据。[53] 然而，在一个少被提及却同样重要的例子中，国际卡车司机兄弟会在没有达成任何协议的情况下，于2002年被迫结束了其已经进行了4年的，针对Overnite卡车运输公司（Overnite Tansportation）的罢工行动，Overnite是一家大型的卡车运输公司，也是联合太平洋公司（U-nion Pacific）的子公司。一些观察者将此视为工会难以打击具有广泛无工会业务企业的明确证据。国际卡车司机兄弟会未能为参加罢工的工人界定一个统一的关切议题，而公司则扩大了其无工会工作的规模并公开了其罢工期间的利润。[54]

毫无疑问，由于罢工可能造成生产以及市场份额方面的损失，三大汽车制造商与联合汽车工人工会在2003年迅速而顺利地完成了集体谈判工作。然而，当联合汽车工人工会因为圣戈班集团（Saint-Gobain）在马萨诸塞州伍斯特市的粗暴经营（abrasive operations）而举行罢工，努力达成该工会被认可后的首份集体合同时，由于太多的工人越过纠察线继续工作，而雇主也宣布计划要通过广告招聘罢工人员的替代者，罢工工人不得不在8天后即返回工作岗位。[55]

当宾夕法尼亚收费公路（Pennsylvania Turnpike）的过路收费亭工作人员举行罢工时，收费公路委员会只是简单地采取了征收固定通行费（每辆小汽车2美元，商务车15美元）而非通常那种基于车辆重量或者路程远近而确定收费的办法。结果，在为期一周的罢工过程中，并没有出现交通堵塞问题，而且新的收费标准和较低的人工成本反而增了企业收入。[56]

工会官员一直努力从最有利的角度来描述罢工，那些明显失败的罢工活动被说成是为将来的谈判确定了一项重要原则。例如，劳工运动的外部人士认为加利福尼亚州杂货行业罢工是失败的，因为工会不得不接受了雇主在4个月的罢工活动之前就提出的许多条件。[57] 然而，一位高级工会官员却将这一罢工称为“历史上最成功的罢工活动之一”，因为它表明了工会为了保护工人的医保福利愿意奋战到底，并保证了低收入工人不会变成有工作的穷人。[58]

如果超越单个罢工活动的结果来看待罢工，那么对工会而言，罢工活动的前景暗淡无光。工会对举行罢工的积极性不高。罢工的数量和激烈程度也都处于长期的下降过程中。

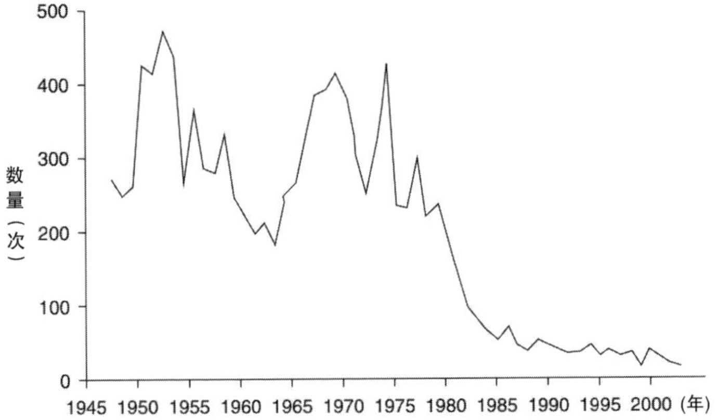


**图 4.1　重大工人罢工活动的数量（1947—2004 年）**

数据来源：U. S. Department of Labor, Bureau of Labor Statistics.（2005）. Work stoppages summarywww. bls. gov/news. release/wkstp. t01. htm.

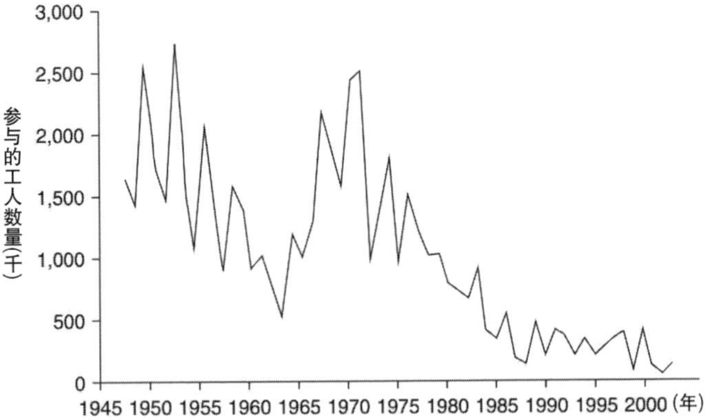


**图 4.2　参与重大罢工活动的数量（1947—2004 年）**

数据来源：U. S. Department of Labor, Bureau of Labor Statistics.（2005）.Work stoppages summary. www. bls. gov/news. release/wkstp. t01. htm.

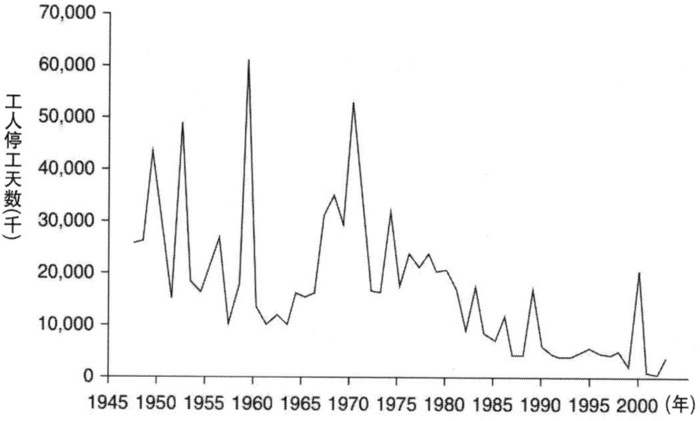


**图 4.3　重大罢工活动导致的停工天数（1947—2004 年）**

数据来源：U. S. Department of Labor, Bureau of Labor Statistics.（2005）.Work stoppages summary. www. bls. gov/news. release/wkstp. t01. htm.

图 4. 1、图 4. 2 和图 4. 3 展示了罢工活动的三个方面——重大停工（罢工）的数量、重大停工涉及的工人数量以及由重大罢工活动引起的失业天数。下降的趋势显而易见：虽然在整个下降趋势中有一些突然性的增长（最引人注目的突然性增长发生在 1970 年左右）。在 20 世纪 70 年代的多数时间里，罢工活动的数量都在下降，这一趋势一直持续到 20 世纪 80 年代，最后稳定在历史最低水平。[59]

一些人认为，较低的罢工率对工会来说可能是个好消息。因为它可能意味着工会与资方进入了彼此合作的新时期（当事人以和平协商的形式解决其分歧），或者工会拥有压倒性的实力（雇主由于害怕工会罢工而同意工会提出的条件）。然而，罗斯和蔡森考察了罢工活动的趋势并得出了如下结论：罢工活动的减少是“工会对雇主越来越强烈的雇用长期工人代替罢工者的倾向予以承认”

的结果。[60] 如果罢工是因进行正常的谈判互动（如尝试获得更高的工资或者更好的福利）而引起的，雇主可以长期取代罢工员工；如果劳资争议是由雇主的不公平劳动行为（如拒绝以善意进行谈判）引起的，雇主能够暂时取代罢工员工。[61]

使用新工人取代罢工员工的做法是劳动关系中最具争议性的问题之一。辛格（Singh）与杰恩（Jain）评论道："关于使用罢工工人替代者的辩论富有激情又充满争议，许多工会与工人权益的拥护者对此提出了一项法律禁令，而雇主与'自由市场'的拥护者通常会反对此类禁令。"[62] 反对雇主雇用罢工工人替代者的一个主要观点是，工人不应因其正在行使罢工和保留劳动的基本权益而失去工作。然而，支持雇主有权取代罢工工人的观点认为，如果限制雇主的这一权利，那么谈判能力的天平将倾向于工会，并导致代价高昂的集体协议。损失最大的将是那些不能抵制罢工也无法满足工会要求的小企业。

无论是支持还是反对雇用罢工工人替代者，这些都有一定的合理性，而这也是这一问题变得如此棘手的原因。[63] 同时，这一问题还具有漫长而艰难的历史。在第一章关于工会演变的讨论中，我们了解到美国的雇主通常会采取解雇、替代，以及继续经营并破坏工会等办法来对付罢工者。工会对罢工工人替代者的憎恨根深蒂固——这些人被工会称为工贼（scabs）。[64] 罗纳德·里根（Ronald Reagan）总统在1981年解雇并取代了1.1万名参与罢工的空中交通管制员，工会以恶毒的语言谴责这一事件，声称里根总统反工会、反工人仇恨的行为鼓励了雇主来打击工会（没有证据来证明这一点)。虽然如此，这些年来，使用罢工工人替代者的数量明显增加了。因为雇主发现在罢工期间继续经营，不会失去任何东西。消费者通常也不关心其购买的商品是否由罢工替代者生产或者销售，而且工人也愿意获得罢工者的工作岗位。工会因为担心其会员失去工作岗位，而不愿举行罢工。罢工活动的数量因此减少了。[65]

然而，甚至在因为需要雇用和培训的工人数量过于庞大（如在汽车厂或者钢铁厂)，以致使用罢工工人替代者不太现实的情况下，工会仍然不愿举行罢工。这是因为他们清楚，雇主能够轻而易举地将业务迁移到国外。[66] 全球化从两个方面对工会的罢工能力乃至谈判能力形成了重大影响。首先，如前所述，向国外迁移工厂给雇主提供了一个在罢工期间不受工会影响的持续进行生产的办法。[67] 其次，国外生产的低廉商品加大了美国企业的竞争压力，从而使雇主关于如果工会不在谈判中让步，那么企业的生存以及工人的工作岗位就会受到威胁的说辞变得可信。而且，如果举行罢工，企业的生存和就业可能会更快地受到威胁。正如一位工会官员所说的："世界已经改变了：全球化时代到来了……工人意识到他们的命运与企业捆绑到了一起。只有在企业能够存活的情况下，他们才能谋生。"[68]

在过去十年里，拥有世界一半人口的国家——包括中国、印度以及东欧国家——进入了全球市场，并对贸易产生巨大影响[例如，通过将美国的技术服务工作离岸外包（转移生产）到印度或者中国，在纺织和服装业实现不断提升的统治地位]。[69] 美国的企业通过把控人工成本来应对国际上的低成本竞争。在已建工会的企业中，雇主通过妥协性谈判来达到这一目的，并以向国外转移业务的威胁来支撑自身的要求。[70]

## 结　论

在美国，工会的主要目标是通过与雇主开展集体谈判并履行集体协议来代表劳动领域的工人。各种迹象都表明，工会在扮演谈判代理人角色时处于十分艰难的处境。

因为雇主需要应对激烈的竞争，因此他们一直在向工会施压，要求工会在谈判中让步。雇主在利用谈判削减成本而不是简单地对工会提出的要求进行回应方面，已经变得充满自信。谈判十分激烈、充满对抗而且是分配型的。工会已经在后退防守，试图保护会员的工作岗位并保住过去谈判的成果。医保福利已经成为一个爆炸性的谈判议题，这既是因为医保福利十分昂贵，也是因为工人对此十分珍视。然而，对于美国集体谈判中的所有议题以及整个谈判形势来说，出现了一个妥协性谈判的回归。这在很大程度上是已建工会企业艰难竞争的处境导致的，已建工会企业面临着国内外无工会企业的激烈竞争。

一直以来，美国的雇主都不愿参与集体谈判。虽然他们可以忍受集体谈判，但大多数雇主都将集体谈判看作一个代价高昂的负担。然而，在今天，雇主越来越将集体谈判视为削减成本、夺回过去所失、主导劳资关系的一个途径。对工会而言，如今能够在集体谈判中不失去什么就已经是取得了成功。[71]

## 参考文献

1. 例如，默里（Murray）在《劳工辞典》中，将集体谈判称为“入会劳工的核心与灵魂”。Murray, R. E. (1998). *The lexicon of labor*. New York: New Press, p. 41。

2. 大约有3200万工人不享有任何集体谈判的权利，其中包括2500万私营部门的工人（850万独立承揽人、550万小企业雇员、1020万经理与主管、53.2万家政工人和35.7万农业工人）。U. S. General Accounting Office. (2002). *Collective bargaining rights: Information on the number of workers with and without bargaining rights*. GAO-02-835. Washington, DC: General Accounting Office。

3. Katz, H. C., and Kochan, T. A. (2004). *An introduction to collective bargaining and industrial relations* (3rd ed.). New York: McGraw-Hill/Irwin, p. 183.

4. Esposito, A. (2001, March 21). University nurses OK 3-year pact; UMass Memorial agrees to overtime-refusal rule. *Worcester Telegram & Gazette*, p. A1.

5. Greenhouse, S. (2002, November 2). Major issue said resolved in mediation over docks. *New York Times*, p. A11; Greenhouse, S. (2002, November 25). Both sides see gains in port agreement. *New York Times*, p. A14。关于科技问题、导致停工的相关事件以及对紧急程度的应用的具体描述，参见 Federal Mediation & Conciliation Service. (2004). Pacific Maritime Association-International Longshore and Warehouse Union, AFL-CIO. www.fmcs.gov/internet/itemDetail.asp? categoryID=69&itemID=17678。

6. 例如，关于这一安排的描述，参见 Cutcher-Gershenfeld, J., Kochan, T., and Wells, J. C. (2001). In whose interest? A first look at national survey data on interest-based bargaining in labor relations. *Industrial Relations*, 40, pp. 1-21; Eaton, S. C., Rubinstein, S. A., and McKersie, R. B. (2004). Building and sustaining labor-management partnerships: Recent experiences in the U. S. *Advances inIndustrial and Labor Relations*, 13, pp. 137-156; Schuster, M. H. (1984). *Union-management cooperation*. Kalamazoo, MI: Upjohn Institute。

7. Eaton, Rubinstein, and McKersie (2004).

8. 分配型集体谈判、整合型集体谈判与组织内集体谈判的区别首次提出于 Walton, R. E., and McKersie, R. B. (1965). *A behavioral theory of labor negotiations*. New York: McGraw-Hill。关于分配型集体谈判与整合型企业谈判的比较，参见 Budd, J. W. (2004). *Labor relations: Striking a balance*. New York: McGraw-Hill/Irwin, p. 253。

9. Katz, H. C. (2004). United States: The spread of coordination and decentralization without national-level tripartitism. In H. C. Katz, W. Lee, and J. Lee (Eds.), *The new structure of labor relations: Tripartitism and decentralization*. Ithaca, NY: Cornell University Press, pp. 192-212.

10. Katz and Kochan (2004), p. 11; Bureau of National Affairs. (2004, March 15). Employers plan smaller wage hikes and cost-saving benefit changes for 2004 union contracts negotiations, BNA survey finds. *BNA news release*. www. bna. com/press/2004/bargaining 04. html.

11. 关于集体合同条款的评论，参见 Katz and Kochan (2004), pp. 238-266; Begin, J., and Beal, E. F. (1989). *The practice of collective bargaining* (8th ed.). Homewood, IL: Irwin, pp. 323-445。

12. Article XXVI Team Rules. *Collective Bargaining Agreement*. www. nb-

pa. com/cba/articleXXVI. html.

13. Article 28：Missing，internment，prisoner of war benefits. *AFA Collective Bargaining Agreement*. www. unitedafa. org/res/cba/2006/section28. htm.

14. 关于调解的简要描述，参见 Thaler，D.（2005）. *Alternative disputes resolution in the U. S. and the role of the U. S. Federal Mediation and Conciliation Service*（Unpublished conference paper）. Washington，DC：Federal Mediation and Conciliation Service。同时，可以在联邦调解调停局的网站上了解调解案件的情况：www. fmcs. gov。

15. 美国仲裁协会个案管理副主席弗兰克·佐托（Frank Zotto）的传真通信。（September 1，2004）。

16. Zotto（2004）.

17. Mishel，L.，and Walters，M.（2003）. *How unions help workers*. Washington，DC：Economic Policy Institute.

18. Chaison，G. N.，and Plovnick，M.（1986）. Is there a new collective bargaining? *California Management Review*，28，pp. 54-61；Chaison，G. N.，and Rose，J. B.（1991）. Continental divide：The direction and fate of North American unions. *Advances in Industrial and Labor Relations*，5，pp. 169-205。同时，在欧洲妥协性谈判也变得更加普遍。Janssen，R.，and Galgoczi，B.（2004）. *Collective bargaining in Europe 2003/2004*. Brussels：European Trade Union Institute。

19. Rose，J. B.，and Chaison，G.（1996）. Linking union density and union effectiveness：The North American experience. *Industrial Relations*，35，p. 88.

20. Greenhouse，S.（2003，July 11）. Employers take a united stand in insisting on labor concessions. *New York Times*，pp. A1，A12。妥协性谈判不仅发生于私营部门。公共部门的雇主，如纽约市政府就曾经威胁，如果工会

不同意削减医疗保障福利并修改劳动规则以节省成本的话，就进行大规模的临时解雇。例如，参见 Greenhouse，S.，and Steinhauer，J.（2004，May 17）. City lays off 2000 as talks grow bitter. *New York Times*，p. B1。

21. Greenhouse，S.（2004，January 26）. Seeking an opening at the Oyster Bar. *New York Times*，p. A23；Fabricant，F.（2003，October 29）. As contract witching hour nears，restaurant workers talk strike. *New York Times*，p. D6.

22. Greenhouse，S.（2003，September 5）. Verizon and unions agree on tentative 5-year contract. *New York Times*，pp. C1，C6.

23. Szczesny，J.（2004，March 1）. American Axle strike is over. *The Car Connection*. http：//www. thecarconnection. com/index. asp? article = 6900&pf = 1；Szczesny，J.（2004，March 29）. Gettlefinger defends two-tier wages. *The Car Connection*. http：//thecarconnection. com/index. asp? n=156，175&sid = 175&article=6977&pf=1.

24. Tyson workers reject new contract offer.（2004，January 12）. *AP news release*. http：//kevxm12adsl. verizon. html；Tyson workers end strike.（2004，January 30）. *New York Times*. http：//query. nytimes. com/mem/tnt. html.

25. Tatge，M.（2004）. Turbulence in the airline industry. *MSNBC News*. http：//msnbc. msn. com/id/6434883.

26. Maynard，M.（2004，July 11）. Get out the glue for a new business model. *New York Times*，pp. B1，B4.

27. 关于在美国航空业面临破产的背景下的集体谈判活力的简明案例研究，参见 Wong，E.，and Maynard，M.（2003，April 27）. A taut，last-minute stretch to save an airline. *New York Times*，p. B22。

28. 作为对雇主要求妥协的压力的反应，一些航空公司员工用一家抵制妥协的工会取代了原来的工会。2003 年 7 月，联合航空公司的机械师们投票替换了他们的谈判代理人机械师国际协会，代之以飞机机械师兄弟协会。后者已经在西北航空公司和西南航空公司取代了卡车司机国际兄弟会。机械师工会的会员是最后一批在破产法庭上同意妥协的联合航空公司员工。他们所同意的妥协价值每年 1.94 亿美元。Wong，E.（2003，July 15）. United Airlines may face deeper challenges. *New York Times*，p. C1。

29. Dash，E.（2005，January 7）. Courts side with United and US Airways on labor contracts. *New York Times*，p. C6.

30. Wong，E.（2003，April 9）. United and five unions agree on concessions. *New York Times*，p. C2；Maynard，M.（2003，April 29）. More than money is at stake in votes by airline unions. *New York Times*，pp. C1，C14；Maynard，M.（2004，June 30）. For airlines，a long，argumentative summer. *New York Times*，pp. C1，C6；Deutsch，C. H.（2004，October 15）. For many airline pilots，the thrill is gone. *New York Times*，pp. C1，C4.

31. Wong，E.，and Maynard，M.（2003，March 29）. Some question bankruptcy role in airlines' cure. *New York Times*，p. C2.

32. Maynard，M.（2004，July 31）. Delta wants ＄1 billion in wage and benefit cuts from pilots. *New York Times*，p. C1；Maynard，M.（2004，September 9）. Delta aims to cut jobs 12%，drop a hub and reduce pay. *New York Times*，pp. C1，C8；Maynard，M.（2004，September 25）. US Airways plans to seek cuts in pay. *New York Times*，pp. B1，B12；Maynard，M.（2004，September 24）. US Airways to ask court to cut union workers' pay 23%. *New York Times*，p. C3；Walsh，M. W.（2004，September 24）. United provides an idea of worker pension losses. *New York Times*，p. C3.

33. Maynard，M.（2004，November 12）. Delta pilots vote to accept 32.5% pay cut. *New York Times*，p. C3.

34. Maynard, M. (2005, January 21). Delta posts $2.2 billion loss: Continental also reports deficit. *New York Times*, p. B6.

35. Maynard, M. (2004, October 2). Pilots reach tentative deal with US Air on pay cuts. *New York Times*, p. B13.

36. Maynard, M. (2004, October 15). Pilots union agrees to cuts at Northwest. *New York Times*, p. C4.

37. Freudenheim, M. (2004, September 10). Cost of insuring workers' health increases 11.2 percent. *New York Times*, pp. C1, C4。医保成本的增加很大程度上是由药物价格上涨造成的，新的诊断检测程序比较昂贵，同时也是保险公司对原来医保计划成本限制措施解除的反应。Porter, E. (2004, August 19). Cost of benefits cited as factor in the slump in jobs. *New York Times*, pp. A1, C2。从2004年到2014年，医保花费预期会翻一番。Pear, R. (2005, February 24). Health care costs keep rising, U.S. says, along with government share of paying them. *New York Times*, p. A21. 38. Perotin, M. (2003, May 23). Health care burdens lead union agenda in this year's contract negotiations. *Knight Ridder/Tribune Business News* (item 03143041)。

38. Perotin, M. (2003, May 23). Health care burdens lead union agenda in this year's contract negotiations. Knight Ridder/Tribune Business News (item 03143041).

39. Federal Mediation and Conciliation Service. (2004, June 6). FMCS, NLRB and NMB chiefs discuss trends in labor relations. www.fmcs.gov/internet/item Detail.asp? categoryID=39&itemID=18130.

40. Nyhan, P. (2004, March 29). Grocery jobs are not the secure anchors they used to be. *Seattle Post-Intelligencer*, p. A1.

41. 该公司支付了医疗保障的全部费用，但希望雇员每周支付5美元至 15 美元。Madigan, N. (2003, December 17). Striking workers plan Safeway boycotts. *New York Times*, p. A32; Porter (2004, August 19)。

42. 相较于作为竞争对手的已建工会商店每小时 13 美元的工资水平，沃尔玛超市员工的平均工资仅有每小时 8.5 美元。Greenhouse, S. (2003, October 19). Wal-Mart, driving workers and supermarkets crazy. *New York Times*, p. C3。关于工会与当地企业对沃尔玛超市的担忧，参见 Kinzer, S. (2004, July 6). Treading carefully, Wal-Mart enters labor's turf. *New York Times*, p. A12。

43. Greenhouse, S. (2004, February 10). Labor raises pressure on California supermarkets. *New York Times*, p. A12.

44. Appleby, J. (2004, March 1). Calif. Grocery workers go for contract: Overwhelming vote end nearly 5-month strike. *USA Today*, p. B1; Mitchell, R. (2004, October 10). The health care clash moves to the next aisle. *New York Times*, p. B5。这一罢工活动已经被形容为"工会的完全失败"。Sweeny, S. (2005). Industrial relations in the USA 2003–4. European Industrial Relations Observatory Online. www.eiro.eurofund.eu.int/2004/11/feature/Us0411101f.html, p. 6。

45. Hirsh, S. (2004, April 1). Grocery contract a 2-tiered omen. *Baltimore Sun*. http://www.baltimoresun.com/business/bal-bz.groceries01apr01,0,6707786.story.html.

46. Ball, J., Hawkins, L., and Freeman, S. (2003, September 8). Big Three, UAW show rare unity. *Wall Street Journal*, p. A2; Hakim, D. (2003, September 15). Union in deal with Chrysler; Talks with 2 makers continue. *New York Times*, p. A14; Maynard, M. (2003). *The end of Detroit: How the Big Three lost their grip on the American car market*. New York: Doubleday.

47. Hudson, M., Vlasic, B., and Truby, M. (2003, September 21). UAW, Big Three unite to rebuild. *Detroit News*, p. A1; Hakim, D. (2003, September 23). Auto deal or bust. *New York Times*, p. B2; Hartley, T. (2004, March 15). Rush to preserve jobs reduces UAW to tiers. *Buffalo Business First*. http://buffalo. bizjournals. com/buffalo/stories/2004/03/15/story1. html.

48. Greenhouse, S. (2003, September 10). Labor adopts new strategy. *New York Times*, p. A1.

49. Hakim, D., and Peters, J. W. (2005, March 22). Big Three workers give an inch on heath care. *New York Times*, pp. B1, B7; Hakim, D. (2005, March 24). G. M. to seek cuts in health care benefits. *New York Times*, p. C1; Hakim, D., and Peter, J. W. (2005, April 15). Shares of G. M. tumble on issue of health care. *New York Times*, p. C4; Bradsher, K. (2005, April 22). China looms as the world's next auto producer. *New York Times*, pp. C1, C5。关于美国汽车工人工会主席罗恩·盖特芬格尔（Ron Gettelfinger）对通用汽车公司要求重新进行合同谈判的回应的讨论，参见 Hakim, D. (2005, June 23). U. A. W. chief faces shrinking auto industry. *New York Times*, pp. C1, C3。

50. 联邦调解调停局委员大卫·泰勒（David Thaler）的电子邮件信息（2004 年 3 月 17 日）引用了国家事务出版局的一项调查结果。

51. Kramer, D. (2000), p. 3; Wong, E. (2003, July 15). United Airlines may face deeper challenges. *New York Times*, p. B1; McKinnon, M. (2003, December 22). Jeep workers weight ground breaking pact. Toledo Blade, p. 10.

52. Brooks, R., and Whelan, C. H. (2002, July 17). Hoffa wins with UPS pact. *Wall Street Journal*, p. B4.

53. Rothstein, R. (1997). Union strength in the United States: Lessons from the UPS strike. *International Labour Review*, 136, pp. 469–492.

54. Greenhouse, S. (2002, October 26). Teamsters end three-year strike against trucker without contract. *New York Times*, p. A10; Schulz, J. D. (2002, November 4). *Traffic World*, pp. 10-13.

55. Eckelbecker, L. (2003, November 6). Saint-Gobain workers go on strike. *Worcester Telegram & Gazette*, p. A1; Kievra, B. (2003, November 7). Strike goes on as both sides ponder choices. *Worcester Telegram & Gazette*, p. A1; Kievra, B. (2003, November 14). UAW ends Saint-Gobain strike. *Worcester Telegram & Gazette*, p. A1.

56. WGAL. (2005, January 10). Turnpike commission considers flat tolls. www. wgalchannel. com/print/4068979.

57. 关于便利店工人罢工的严格评价，参见 Hiltzik, M. (2004, March 4). UFCW sacrifices workers while declaring victory. *Los Angeles Times*. www. latimes. com/business/la-fi-golden4mar4, 1, 3861988. column? coll = la-utilities business。

58. Hiltzik (2004, March 4).

59. U. S. Department of Labor. (2003, March 11). Major work stoppages in 2002. *USDL press release 03-100*.

60. Chaison and Rose (1996), p. 91.

61. U. S. National Labor Relations Board. (1997). *Basic guide to the National Labor Relations Act*. Washington, DC: Government Printing Office。国家劳动关系委员会划分了经济性罢工与不公平劳动行为罢工的区别。“如果罢工的目标是从雇主那里获得一些经济上的妥协，如更高的工资、更短的工作时间或者更好的工作条件等，这些参与罢工的工人被称为经济罢工者。他们保有作为雇员的地位而且不能被解雇，但他们的雇主可以代替他们。如果在罢工员工申请无条件回来工作时，雇主已经雇用了永久替代者，那么这些罢工者此时无权恢复职位。然而，如果罢工者没有得到正式且实质相当的就业机会，那么他们有权在出现工作空缺时，被召回从事他们适合从事的工作，前提是他们或者他们的谈判代理人已经要求无条件复职……那些因为反对雇主犯下的不公平劳动行为而举行罢工的雇员被称为不公平劳动行为罢工者。这一类的罢工者既不能被解雇也不能被永久替代。当罢工结束时，即使被雇用来代替他们工作的雇员也必须被解雇，这些不公平劳动行为的罢工者也有权回来从事自己原来的工作，除非他们本身有严重的不当行为。”

62. Singh, P., and Jain, H. C. (2001). Striker replacements in the United States, Canada and Mexico: A review of the law and empirical evidence. *Industrial Relations*, 40, pp. 22-53.

63. 工会所进行的最艰难的政治斗争之一（也是他们失败了的政治斗争之一）是争取立法禁止雇主使用永久罢工代替者。Logan, J. (2004). Labor's "last stand" in national politics? The campaign for striker replacement legislation, 1990 - 1994. *Advances in Industrial and Labor Relations*, 13, pp. 191-243。

64. 虽然不确定“工贼”一词起源如何，但该词毫无疑问意味着一个人因为取代了其他人的工作而受到鄙视。Murray (1998), pp. 160-161。

65. See Logan (2004), p. 224。20 世纪 80 年代和 90 年代发生的一系列涉及永久罢工替代者的引人注目的罢工活动。

66. Ball, J., Burkins, G., and White, G. L. (1999, December 18). Don't walk: Why labor unions have grown reluctant to use the "s" word. *Wall Street Journal*, pp. A1, A8。

67. 这一点可以通过《北美自由贸易协定》对工会谈判力量的不利影响进行说明。参见 Scott, R. E. (2000). *NAFTA's hidden costs: Trade agree-*

*ment results in job losses, growing inequality and wage suppression for the United States*. Washington, DC: Economic Policy Institute。"雇主迁移工厂、外包部分业务并直接从国外制造商处购买中间商品与服务的可信计划对工人的谈判地位有实质影响。这些威胁的运动变得越发普遍"（第 8 页）。雇主在罢工期间的威胁增加了，而且许多雇主已经暗示有意愿在集体谈判中，将《北美自由贸易协定》作为谈判的一个筹码来压低工资水平。关于全球化对工会及工人的影响的简短回顾，参见 Newland, K. (1999). Workers of the world, now what? *Foreign Policy*, 114, pp. 52–65。

68. Ball, Burkins, and White (1999), p. A1.

69. Prestowitz, C. (2005). *Three billion new capitalists: The great shift of wealth and power to the East*. New York: Basic Books; Economic Policy Institute. (2005). Offshoring. *CPI issue guide*. www. epinent. org; Blanton, K. (2004, November 17). Offshoring accelerating. Boston Globe, p. D1; Barboza, D. (2005, April 4). Stream of Chinese textile imports is becoming a flood. *New York Times*, p. C3; Fong, M. (2005, April 11). Woven in China. *Wall Street Journal*, pp. B1, B4.

70. Greenhouse, S. (2005, April 12). Falling fortunes of the wage earner. *New York Times*, p. C1.

71. 正如卓越的劳动记者斯蒂芬·格林豪斯（Stephen Greenhouse）所说："劳动者首先关心的问题已经从提出更多的要求转变为保证企业生存下来、工作岗位能够有保障。" Greenhouse (2003, September 10), p. A1。

| 第五章 |

# 政治中的工会

当我们审视工会在政治中的角色时，我们会发现美国工会能力有明显的局限。工会以结盟的方式开展工作时最为强大，但其结果对全体工人而言不仅仅是对工会及其会员有利。工会在对外贸易等领域曾经取得过一些令人瞩目的胜利或者准胜利（near victory），但也有过如2004年全国选举过程中让人震惊的失败。他们是推动《1964年民权法案》（*Civil Rights Act of 1964*）、《1970年职业健康和安全法》（*Occupational Safety and Health Act of 1970*）等影响劳动领域的历史性立法得以通过的重要力量，但近30年的时间里，他们无力让国会对有关集体谈判的基本法律进行修改。在政治圈里，工会因其政治经验和会员动员能力而倍受尊敬，同时工会又因其盟友都知道工会向来支持的候选人或者法案而被视为理所当然。2004年的全国性选举之后，工会也非常清醒地意识到，他们不再是政治“地面战”（ground game）——游说潜在选民并在选举日（Election Day）让人们出来投票——中的优胜者。如今，各个政治党派以及其他具有政治目标的组织都在开展选民登记以及投票运动等活动，而且做得相当不错。

本章描述了工会在政治活动中成功与失败的广阔画面，讨论了工会政治活动的形式、政治在工会职责中的地位以及近期工会开展的一些运动。

## 工会政治活动

乍一看，工会的政治活动可能看起来像是一个对候选人表示支持，大体上遵循“回报朋友并惩罚敌人”[1]这一古老格言。工会通常将民主党视为其朋友，而将共和党视为敌人，即使工会官员总是谨慎地表明他们是就事论事而非根据党派来评估候选人。[2]按照劳联-产联主席约翰·J.斯威尼（John J. Sweeney）所言：“我们无论在哪里都支持那些倾向于工薪家庭的共和党人。”[3]

工会确实想支持那些对工会事业最有帮助的候选人，然而，他们必须将此与现实主义相调和。他们明白，工会不能仅仅选择他们喜欢的候选人，还必须选择那些在提名和选举中赢面较大的候选人。例如，在2000年的总统竞选中，工会起初对于支持阿尔·戈尔（AL Gore）并不热心，因为戈尔强烈支持以工会会员工作岗位为代价的对外贸易政策，特别是与中国的贸易自由化。[4] 但是他们并没有太多的选择余地，因为对他们来说，乔治·W.布什（George W. Bush）的从政记录是如此彻底的反工人与反工会。而具有最强烈支持工会记录的拉尔夫·纳德（Ralph Nader）却没有可能赢得选举，工会认为，支持纳德只会抽走戈尔的选票并让布什获得险胜。在戈尔获得了劳工的支持之后（为了表达对戈尔政策主张的不满，工会很晚才表达了对戈尔的支持），他总是在其演说中为工会的首要问题保留显著位置，如提高最低工资标准、改革工会组建法律等。戈尔还承诺，如果当选，他只有在贸易法案包括了较强劳动与环境标准的条件下才会予以签署。[5]

在2004年总统初选中，工会再一次必须采取实事求是的策略。约翰·克里（John Kerry）参议员并非工会的第一选择，但是由于工会强烈厌恶布什政府，而且认识到，他们必须尽早团结起来支持一位有能力当选的候选人，所以对克里表示了支持。[6] 工会的其他选择还包括佛蒙特州州长霍华德·迪安（Howard Dean）（迪安得到了许多工人以及两个大型工会的支持），密苏里州参议员理查德·格普哈特（Richard Gephardt）（格普哈特长期以来就是工会的中意人选，他因其限制国际贸易的政策主张，得到了众多产业工会的支持）以及北卡罗来纳州参议员约翰·爱德华兹（John Edwards）（爱德华兹因其对充分表达的对社会和经济事务的关注，得到了一家工会和众多工人的支持）。[7] 参议员格普哈特和爱德华兹未能赢得初选的胜利，而这是获得劳联-产联支持的前提。当霍华德·迪安也未能如预期那样赢得初选胜利时，他的工会支持者抛弃了他。[8] 从中可以得出有目共睹的教训是，工会运动在选择方面从来不想显得意见分歧，对于获得工会的支持来说，有冲劲并且看上去像一个胜者很重要。[9] 正如一个大型公共雇员工会领导人所简单表达的那样，“获胜概率异常重要”。[10]

只有当候选人获得了拥有劳联-产联三分之二会员（大概需要880万会员）的附属工会支持的情况下，才能赢得劳联-产联的支持。[11] 每个工会都有自己关于支持的规则，例如，在会员中应该有多少支持，以及由哪个工会委员会来决定支持的人选等。工会一成不变地支持民主党的竞选人，但在工会官员中，就是否应提早（在初选阶段）或者在候选人已被选出之后给予支持这一问题存在着不同意见。一些工会领导人认为，仅有少数工会提供的早期支持让劳工运动看起来意见不一，而且在所有初选完毕之前提供的任何支持，都给人以工会不关心其会员偏好的印象。此外，他们还想让候选人彼此竞争，付出一些努力来争取工会的支持，这也是他们反对工会过早对候选人提供支持的理由之一。[12] 早期提供的支持还可能事与愿违，如果工会支持的候选人未能赢得党内提名，那么工会在政治上将显得很脆弱，而获胜的候选人也不会欠工会的情。

然而，一些工会领导人认为，工会进行早期支持的意愿给工会带来了额外的政治权力。因为候选人的政治主张仍在确定过程中时，他们可以获得候选人的让步并得到更多接近候选人的机会。同时，早期支持会让工会领导人看起来像是国王拥立者。[13] 早期支持可以马上扩大候选人的支持基础，同时，通过攸关国家利益的问题来吸引公众的关注，也可以提升所支持工会的声望。[14] 例如，国际消防员协会作为一个小型工会，在参议员约翰·克里总统初选阶段的竞选活动进展困难时，第一个表示了对克里的支持，这使该工会的领导人看起来充满力量且富有政治智慧。而且，该工会还能因为让竞选运动重获活力而获得赞扬。[15]

寻求工会支持的候选人，需要由工会执行委员会对其立场进行审查，他们还要参加工会的地方会议和全国代表大会，就那些对工会及其会员最为重要的事项进行演讲。[16] 工会的支持在投票选举中带来了更多的会员支持，虽然由于工会会员的数量较少且一直在下降，所以这种优势并不是压倒性的，但这些支持也很重要，因为工会会员及其家庭成员比其他人更可能参与投票，在主要的工业州中，工会会员及其家庭成员占了投票人的很大比例，通常超过三分之一。[17]

工会支持的候选人当选后，工会期望他们完全支持对工人和工会有利的立法（如有关最低工资和工会组建活动的新的立法）。有时候，工会会请他们在组建活动期间提供帮助，如通过向雇主施加政治压力使其承认工会的谈判代理人地位，向工人发表演说或者写信，以及批评雇主的反工会手段等。[18]

工会在选择对其支持有所回报的朋友方面可能颇费思量，但他们对于谁是需要惩罚的敌人却十分确定。工会在 2004 年的目标就十分清楚、简单——通过支持任何能够取代小布什的候选人来让其下台。小布什被工会描述成劳工运动以及全体工人的灾难。工会指控小布什运用“焦土政策”（scorched earth policy）发动了一场针对工会的战争，这一政策包括弱化工作场所的健康和安全监管、降低加班工资标准、剥夺新成立的国土安全部雇员加入工会的权利、私有化公共部门雇员的工作岗位、提出规定要求工会报告其政治支出的情况等。工会指责布什政府通过其经济和医保政策偏袒富人、伤害工薪家庭。工会认为，小布什推动了与国外低成本生产商之间的贸易，如此不仅增加了企业的利润，而且削减了美国制造业工人数百万个工作岗位。[19] 尽管参议员克里曾经许诺会减少政府雇员并削减预算，政府雇员工会仍然表示了对克里的支持，因为他们认为小布什当选将会对其会员的工作稳定性带来更大危害。[20]

工会从未放过任何一个公开机会来反对小布什总统。约翰·J.斯威尼认为，工会处于企业的控制之下：“（小）布什总统再次证明了，他就是企业金主的奴仆。”[21] 一位工会政治战略家评论说：“布什政府的另一个4年任期将会严重削弱劳工运动。”[22] 一位工会领导人大声疾呼：“劳工运动正面临着关系生死存亡的危机。如果小布什取得胜利，那么劳工运动将会倒退数十年。”[23] 在此形势下，任何能够取代小布什的人都会得到工会的支持。正如一份新闻报告对当时形势所作的简洁描述：“对大多数工会而言，克里并非民主党总统候选人的最佳人选，但出于对布什政府发自肺腑的厌恶，劳工界团结起来共同支持克里。”[24]

与选民（包括会员与非会员）、工人与全体公众进行沟通的能力，是工会最大的政治优势之一。工会进一步完善了广告宣传。在联邦对直接支持候选人的广告投入进行限制的情况下，工会创造性地设计出相关广告，宣传那些针对具有政治意义的问题的观点与行动。例如，对综合性医疗保险保障的必要性进行宣传，然后表明，一些候选人有解决这些问题的正确办法，而另一些候选人则没有。

游说是工会组织的另一项基本政治活动。工会努力说服议会的议员提出并支持有利于工会及其会员的法案（如改革工会组建活动，以及对那些在组建活动期间开除工会支持者的雇主进行惩罚的法案），或者那些有利于全体工人的法案（如提高最低工资标准，以及对可能损害工人工作岗位的进口商品予以限制的法案）。游说与为候选人开展竞选活动通常相辅相成。德莱尼（Delaney）

和马斯特斯（Masters）断定："如果当选的官员对工会没有同情心，那游说就难有成果，而失败的选举活动可能使从政者更不愿支持工会的提议。"[25] 工会支持的候选人当选并不能保证有利于工会的法案一定能够获得通过，但工会的反对者如果当选，则必将阻碍法案的通过。

工会还直接或者间接地向政治基金捐款。在2004年的选举中，工会花费了1.5亿多美元，比2000年选举中的支出增加了大约50%。然而，企业的支出比工会更多，二者的比例达到了10∶1。1989年以来，工会在十大政治捐献者名单中占了七席，房地产经纪人、出庭律师和医生的组织占据了其余三席。[26] 然而，最近已经有法律强制工会调整其捐赠。

2002年的《两党竞选改革法案》（《麦凯恩-法因戈尔德法案》）禁止了向政治党派而非候选人进行捐款的行为，将每场选举中个人可以向候选人捐款的额度由1000美元提高到了2000美元，并为政治行动委员会（PACs）设置了每场选举向每位候选人最高捐款5000美元的限制。[27]

然而由于527委员会（527 committees）（因为其法律地位规定于税法第527节，所以有此称谓）的出现，工会政治资金所受到的限制并不明确。该委员会不能与候选人的竞选活动相配合，也不能公开支持候选人。[28] 《麦凯恩-法因戈尔德法案》对软钱（soft-money）出资情况的限制并不适用于527委员会，该委员会不必披露捐献者或支出情况。[29] 结果这一委员会成为新的软钱的来源。[30]

大多数527委员会是由那些担忧共和党人享有经费增长优势的民主党人士及其盟友组建的。虽然他们也推动一些具体事项（如创造工作岗位、登记选民、保护环境等），但527委员会对一些候选人的支持以及对另一些候选人的反对通常是显而易见的。例如，一个重要的527委员会——美国走到一起（America Coming Together），就以“为民主党的胜利打基础”为目标，并由一位前产联（CIO）政治主管进行管理。由于对527委员会的适宜角色没有权威阐述，也缺乏对其公然的偏袒活动的限制，所以工会组织将继续将其用作软钱的出口，同时，为了与产业527委员会竞争，工会还将增加其政治捐献。[31]

有关工会资金捐献（或总体上的竞争资金角色）的争论，[32]常常使人想起，工会能够向候选人或政党提供的最让人期盼的贡献是会员的支持与热情。正如斯威尼（Sweeney）所言：“我们的力量实际上并不是我们的财力，而是我们会员与人民的力量。”[33]

活跃的工会会员向立法者进行游说，为集体电话访问提供人力支持，并鼓励选民参加投票。工会支持的候选人总是可以拥有工会会员作为其集会和发表电视声明的背景（例如，一项创造就业岗位的声明可以在钢铁工人工会或者汽车工人工会的集会上进行，有关公共安全的声明则可以用加入工会的警察与消防员作为背景）。工会会员通过个人接触为候选人拉票。有研究已经表明，工会在竞选期间与会员个人的接触越多，会员进行投票并支持由工会支持的候选人的可能性就越大。[34]

工会会员曾经被称为民主党的步兵，因为他们就是这样无所不在的积极分子。[35] 过去，工会召集会员支持某位候选人的能力，通常胜过那些支持相反候选人雇主的经济实力。这也使工会成为受欢迎的联盟伙伴，因为他们能够通过结盟或者游说为联盟活动提供会员支持。一项新的报告恰如其分地将工会比作宗教右派。“在其各自团体内部，二者都代表了草根行动主义的关键因素。”[36] 然而，如今工会已经不再是政治“地面战”——动员会员、登记选民、拉票——的优胜者。对工会而言，2004 年的选举运动（本章稍后将会讲到）至关重要，其原因不仅在于选举的结果；527 委员会、教会以及社区团体宣告了“政治地面站”的结束。这些组织比工会做得更好，而且在选情胶着的州（如俄亥俄州），他们所做的工作形成了支持共和党的关键差距。[37]

## 工会与政治运动

### 与 NAFTA 的战斗

《北美自由贸易协定》（NAFTA）废除了美国、加拿大和墨西哥三国之间进行贸易的限制与关税。反对《北美自由贸易协定》的运动是当今工会开展的最伟大的政治斗争。虽然该协定已于 1993 年通过，工会的战斗也以失败告终，但反《北美自由贸易协定》的运动表现了劳工在政治领域最团结、最富有技巧、最有统治力的一面。

邵驰（Shoch）总结了工会反对自由贸易协定的依据：“对地

区贸易协定最同心协力的反对……是由美国劳工运动发起的。对工人来说，《北美自由贸易协定》不仅是贸易问题，更是投资问题（对美国跨国公司而言）。产业工会担心，随着贸易与投资规则的自由化，这一协定将促使制造业资本为寻找廉价的劳动力而真正或者威胁要流向墨西哥。这将导致美国工作岗位的减少，削弱美国工人的谈判能力，并降低工人的工资水平。”[38]

工会通过领导北美自由贸易协定公平贸易运动（the NAFTA Fair Trade Campaign），这一由环保主义者组织、反贫困组织、消费者权益保护组织、宗教组织、妇女组织、农民组织、学生组织以及公共政策组织构成的广泛联盟，与《北美自由贸易协定》展开斗争。工会与其联盟伙伴的关系曾经十分紧张。例如，它们曾就制造业和经济发展造成的破坏问题与环境保护组织相互敌对，然而如今它们发现彼此有了一个共同的目标，并愿意把彼此的不同放到一边。

工会通过巧妙地开展周密的大众传播活动，在反对自由贸易的运动中一马当先。工会强调自由贸易协定不仅仅是一个劳动问题，也是一个环境问题（因为墨西哥的环境保护标准很低）。该协定将导致大量工作岗位的流失，从而影响到所有美国人的经济社会福利；协定使企业受益却损害工人利益的不公正经济政策得以继续延续；协定非但没有为墨西哥工人提供帮助，反而损害了其利益；选民可以既支持自由贸易又拒绝《北美自由贸易协定》，因为该协定只是在向企业提供投资机会，而未向改善经济社会状况提供机会，这样的做法是错误的。[39]

比尔·克林顿总统提出为该协定增加关于劳工和环境问题的附件，从而成功化解了很多这样的反对意见。例如，劳工附件将推进结社自由原则与进行集体谈判的权利，并禁止强迫劳动和使用童工。然而执行这一附件的委员会没有救济权。劳工附件使克林顿政府能够声称其已经弥补了自由贸易协定的不足，也给了国会议员一个为其支持贸易协定行为进行辩解的借口。[40]

1993 年 11 月，《北美自由贸易协定》分别以 234 票对 200 票、61 票对 38 票，获得了美国众议院和参议院的通过。众议院大约四分之三的共和党人与 40%的民主党人，以及参议院四分之三的共和党人和半数的民主党人投票支持了这一法案。[41] 虽然《北美自由贸易协定》得到了国会的强力支持并获得了通过，但工会与其联盟伙伴成功挫败了贸易协定支持者开展的相关活动。其间，自由贸易协定的公众支持率持续下降，1991 年 3 月的调查显示，有 72%的人认为自由贸易协定“总体上是好的”，但到了 1992 年 9 月，这一比例下降到 55%。当众议院在 1993 年 11 月举行投票时，仅有 38%的被调查者支持自由贸易协定，却有 41%的人表示反对。

虽然工会及其盟友未能阻止《北美自由贸易协定》获得通过，但这一抵制运动激励了工会组织，让工会看到了通过结盟方式开展工作以及设计沟通可以改变公众观念的大众传播的可能性。[42]而且，正如罗斯和蔡森所评论的那样，“失败的反自由贸易协定运动可能实际提高了工会的名望，因为工会领导了一个广泛的联盟，并以极大的热情和技巧与被广泛视为威胁工会及非工会工作岗位的贸易协定进行了斗争”。[43] 当一项贸易法案再一次出现在国会的时候，工会与其联盟伙伴就会做好准备，并变得更有效率。

### 快速通道

根据国会关于快速通道（Fast Track）的授权，美国总统自1974年以来就拥有了要求国会不予修改地投票批准或者不批准贸易协定，从而加快贸易谈判的权力。然而，由于工会领导的强烈反对，快速通道在1997年11月遭遇了挫败。

1997年秋，克林顿政府要求延续快速通道授权，以使政府可以针对贸易协定开展谈判，该协定将把《北美自由贸易协定》扩展到智利，并最终将拉美及亚洲的其他国家包括进来。新协定明确表示，在正文中不会有同劳工与环境标准相关的内容，而这一点正是工会自《北美自由贸易协定》及其无力的附属协议通过以来一直坚持要求的。

政府在快速通道提议背后的认识是，劳动与环境标准将被视为“协商目标”，只有当其与贸易直接相关时，才会被包含在未来的协定中。与之相反，知识产权与农业作为商贸事项，则应当作为协定的核心问题予以处理，并可以通过仲裁予以执行。白宫深信其需要获得共和党人对协定的支持，于是削弱了法案中的劳动与环境条款。快速通道的支持者认为，如果美国国会可以为获得所需要的支持而无限制地制约或者削弱协定，那么将没有国家会同意与美国协商贸易协定。[44]

快速通道成为贸易自由化支持者与反对者之间激烈政治斗争

的焦点问题。劳联-产联投入100万美元开展反对快速通道的宣传活动，声称快速通道将使克林顿政府可以就更多类似《北美自由贸易协定》的协定开展谈判，而这将降低美国的工资水平并减少美国的工作岗位，对其他地方的工人也没什么好处。劳工的立场是，当且仅当政府承诺新的贸易协定在其核心内容而非附件中包含劳工与环境保护措施时，快速通道才能获得批准。

快速通道成了是否支持工会的试金石。劳工领袖拒绝支持那些投票赞成快速通道的政客，甚至表态要采取行动反对他们。[45]环境保护团体与公民利益团体加入了工会同盟，共同反对这一法案。关于快速通道的投票两次被推迟，当法案明显不会获得通过时，法案支持者最终被迫撤回了该法案。[46]

工会及其盟友之所以能够挫败快速通道，是因为普遍反对国际贸易的公众意愿越来越强烈，而且公众认为，快速通道对美国和墨西哥的工人都没有什么好处。工会组织了一次基础广泛且充满活力的草根运动以反对快速通道，而且迫切需要工会支持的民主党无法在不失去关键劳工支持的情况下，投票支持快速通道。从早期关于《北美自由贸易协定》的失败中，工会得出了一个政治教训：他们必须明确反对那些投票支持《北美自由贸易协定》的立法者，而且不能让无法执行的劳工附件转移反贸易运动的势头。[47] 工会已经向当下和未来的美国政府发出了这样的讯息：从今以后，任何新的贸易协定都将面临组织的激烈反对。[48]

## 最低工资与加班立法

工会一直以来都在游说提高美国的最低工资标准。虽然极少有已入会的工人根据其集体谈判协议领取最低工资，但最低工资却在工资结构中起到了兜底工资的作用。当最低工资标准提高时，工会可以在谈判中更有力地提出增加工资的要求。同样，当工会就最低工资开展斗争时，他们表明了其关心的不仅仅是自己的会员，还包括那些有工作的低收入者。[49]

虽然最低工资在本质上是一个经济问题，但它却具有重大的政治意义。因为最低工资涉及两个相互冲突的基本权利：一是雇主根据由市场决定的雇用与留住工人的薪金水平支付工资的权利，二是工人获得体面工资的权利（一个领取目前联邦最低工资的家庭，其收入只是其在城区生活基本支出的三分之一）。[50] 最低工资增长通常由民主党以其他立法附件的形式提出，而共和党则通常反对提高最低工资标准，他们认为工资应由市场力量而不是法律来决定的。而且，实施看起来较高的工资标准，将导致收入最低的、缺乏技能的工人失业。共和党人是从其关键选民——常常按最低工资标准支付工资且不希望最低工资标准提高的小型企业主——的角度来看待最低工资，而民主党人则是在回应主张为工作中的低收入者代言的工会、社会组织以及工人权利团体的要求。结果通常是，除了工会对立法机构有足够影响力的各州外，其余地方在最低工资问题上形成了僵局，没有实现任何改变。[51]

工会争取更高最低工资的运动是长期的游说过程。然而，工会最近卷入了一项激烈的与最低工资密切相关的小型政治冲突之中：雇主将工人重新分类为管理人员或者专业技术人员，并因此使其无法领取加班工资。[52] 2003 年，布什政府及国会中的共和党人提出了一项新的加班法案。工会认为，这项提案将使大约 800 万工人失去加班资格（而非政府估计的 64.4 万），并将骗取工人的应得工资。约翰·J. 斯威尼声称："劳动部门对加班法案提出的修改意见……将严重扩大现行对加班工资保障的豁免，使雇主可以更加容易地要求雇员更多地工作，却给付更少的工资。这些改变将伤害数百万的工人及其家庭。"[53]

工商界已经在敦促政府改变加班方面的相关规则，他们认为，过去的规定已经不适应目前工作场所中多种多样的工作类别、更大的工作自由裁量权和工作责任等新的现实情况。工会立即针对这一法案展开攻击，然而事实证明，反对该法案的运动很难维持，特别是在 2004 年该法案修改，并开始保护警察、消防员以及其他低收入工人的加班权利之后。尽管有国会的反对，小布什政府仍于 2004 年 8 月 23 日开始实施新的加班规定。

### 最低生活工资

工会还通过开展最低生活工资（living wage）运动来行使政治权力并发挥其作为"有工作的低收入者的代言人"作用。工会采用联盟方式努力推动最低生活工资法案的通过，该法案要求那些接受政府经费支持的分包商在本地贫困线水平以上支付其工人工资。例如，加利福尼亚州伯克利市 2000 年 6 月实施的最低生活工资条例要求与该市签订城市地产租赁合同或者接受该市财政资助的雇主，需要承担向雇员支付小时最低工资以及雇员福利的义务。雇主必须向工人支付每小时 9.75 美元的工资并提供医保福利，或者在不提供福利的情况下每小时支付 11.37 美元的工资（该州最低小时工资标准为 6.75 美元）。[54]

经过工会及其盟友（主要是社会组织、工人权利组织和宗教组织）的集会和游说活动，圣弗朗西斯科、纽约、克利夫兰、丹佛、洛杉矶、底特律和波士顿等城市的市议会通过了最低生活工资法。[55] 最低生活工资运动的根本原则是“我们有限的公共经费不应用于资助那些低收入工作……公共经费应当用于公共福利——保留给本社区那些致力于提供体面的、可以养家糊口的工作岗位的私营部门雇主”。[56] 和最低工资一样，基本生活工资运动展现了工会对有工作的低收入者困境的关注，并使工会可以领导广泛的联盟。[57] 只有在工会政治力量比较集中的地方层面和部分城市，工会才能取得这些成就。工会努力推动了法律的变革，但这些变革并不直接有利于工会及其会员，正如我们下面将要谈到的劳动法律改革一样。[58]

### 劳动法律改革

工会为推动劳动法律改革所进行的斗争，是与解决工会问题联系最为紧密的政治活动。自 20 世纪 70 年代以来，美国就提议修改联邦劳动法，以使工会组建活动难度更低、效率更高、代价更小。一个改革提案包括如下内容：修改《瓦格纳法案》，根据会员卡而非选举来决定工会认证结果；加大对组建活动期间辞退工人的雇主的惩罚力度（例如，取消与屡次违法的雇主的政府合同，在雇主不当行为泛滥的情况下实行工会自动认证）；如果在工会获得认证后谈判陷入僵局，则利用仲裁确定第一份集体协议；禁止雇用罢工工人替代者。[59] 虽然工会官员对于激烈的政治活动与法律修改是否应当先于大规模的工会组建运动，以及工会如果想获得政治影响力以最终改变法律就必须以某种形式开展工会组建运动这一问题存在不同意见，但是几乎每个工会官员都在谴责现行劳动法律的缺陷与不足。[60]

几乎每年都有人向国会提交劳动法律改革法案。[61] 例如，2003 年 11 月，来自马萨诸塞州的参议员爱德华·肯尼迪（Edward Kennedy）与来自加利福尼亚州的众议员乔治·米勒（George Meuer）提交了一份由 30 名参议员和 102 名众议员共同发起的《雇员自由选择法案》(S. 1925 and H. R. 3619)。该法案允许工会在通过签字的会员卡确定工会获得了多数支持的情况下，可以不经认证选举，开展工会组建活动。该法案还要求雇主向在工会组建期间因支持工会而辞退的工人支付 3 倍的欠薪，同时在工会认证后谈判不成功的情况下，使用调解和仲裁的方式来达成首份集体协议。[62]

工会为支持该法案，在工作之声行动周（Voice@ Work Week of Action）期间动员起来，举行集会，同时要求会员佩戴翻领贴纸、在工作中发放传单并向总统邮寄明信片请求他支持法案。[63] 正如工会在早期劳动法改革中的尝试一样，该法案未能获得足够的支持。对法案的推介引发了强烈的反击。反对者们认为，目前的工会认证程序运转正常，雇主的违规行为只是例外现象而非普遍情况，工会组建活动的衰退不是法律缺陷造成的，而是工人失去了对工会的兴趣——可能是工人对工会不信任——这一问题是无法通过修改法律得到改善的。

尽管工会频繁失败，但关于劳动法改革的法案使工会的支持者们能够用其从政记录证明自己并回报工会的支持。同时，他们也帮助宣传了工会在开展组建活动期间面临着激烈反对，以及雇主经常干涉工人选择工会代表权利的事实。然而，本来最能帮助工会扭转衰退趋势的法案，似乎一直超出了他们的政治能力范围。

### 发生在加利福尼亚州的两场运动

加利福尼亚州是美国各州中工会会员最为集中的地方之一（2004年，该州工会会员数量达到了240万，占全美国工会会员数量的15.4%），[64] 因此，它毫无疑问地成了两场重要政治运动的发生地——其一是尝试挫败选民对一位友好州长的反叛，其二是反对一项意图大幅减少工会政治经费的立法提案。

2003年10月7日，加利福尼亚州的选民罢免了该州州长格雷·戴维斯（Gray Davis），这显然是出于对该州经济状况恶化的不满——政府赤字达到了创纪录的380亿美元。他们选举了共和党人、演员出身的阿诺德·施瓦辛格（Arnold Schwarzenegger）为新的州长，施瓦辛格的竞选对手是副州长——民主党人克鲁兹·巴斯塔曼特（Crus Bustamante），二人的得票数分别为420万和270万。劳联-产联、加利福尼亚州劳工联盟（劳联-产联在加利福尼亚州的分支机构)、加利福尼亚州教师协会 (the California Teachers Association) 以及加利福尼亚州政府雇员协会, 共同领导开展了反对罢免的活动, 他们首先质疑罢免的合法性, 然后请求著名的民主党人在举行竞选时不要参与。工会的领导人将这一罢免行为称作 "极端主义的共和党人对选举的劫持"。

投票结果对罢免的支持以及施瓦辛格的当选, 无可争辩地表明, 工会失败了。[65] 巴斯塔曼特曾向工会大献殷勤。[66] 格雷·戴维斯也有强烈支持工人与工会的从政记录, 包括支持工人薪酬体系相关的重要改革、要求小型雇主向其工人提供医疗保险, 以及赋予工人就违反州劳动法的行为进行控告的权利。[67] 尽管工会开展了反对罢免的运动, 但仍有近一半的州工会会员投票支持罢免原州长, 并且大多数会员选择了共和党的候选人。工会会员的投票选择表明了他们对加州经济状况恶化以及现任州长表现不佳的强烈不满。80%的选民认为该州经济状况 "不太好" 或者 "欠佳", 近一半的选民对戴维斯的执政表现强烈不满。因为所维护的人是如此不受欢迎, 工会组织输掉了这场备受瞩目的政治斗争。[68]

当我们把工会在加州州长罢免问题上的失败与其早期在针对第 226 号提案斗争中取得的胜利相比较时, 能看出一些问题。第 226 号提案又称《薪水保护法案》, 该法令要求工会每年获得其会员的书面同意后, 才能使用会费支持政治候选人或政治事务。1998 年 6 月, 该提案以 56%对 44%被否决。仅仅在这次投票前的几个月, 第 226 号提案在民意测验中还曾以 70%对 30%的领先获得支持, 其中大约三分之二的来自工会家庭的选民支持这一提案。然而，由工会领导的联盟对该提案发起了难以抵挡的抨击。工会投入大约500万美元（是反对者的7倍），组织了2.4万名志愿者进行电话宣传，并尤其注重在其自身会员中开展宣传活动。[69] 工会声称：该提案的目的是削弱加州教师协会政治力量，以弱化学校改革；该提案根本不公平，因为它把要求强加于工会，却没有向工商企业施加同样的要求。同时，鉴于该提案所获得的资金支持大多数来自其他州的相关团体，工会提出，这是州外反工人组织针对工会的攻击。[70] 与第226号提案作斗争的人士将这场斗争视为关系加州工会政治存亡的一战。一位撰稿人得出结论："第226号提案明确表明共和党人以及保守主义者想要限制工会的财务基础……工会要么现在就动用其政治影响力，要么就失去其政治影响力。"[71]

工会及其盟友之所以能够成功阻击第226号提案，是因为他们能够围绕公正概念组织其论点，并将该提案描述为外部势力对加州政治的干涉。与之相反，在5年之后，公共舆论强烈反对戴维斯州长，以至于工会对于公正的呼吁（工会声称罢免活动将推翻选民的选择，这是不民主的）几乎没有带来任何影响。简单来说，无论工会组织得如何好，活动经费如何充裕，联盟如何坚强，它都无法赢得一场注定要失败的运动。

### 阻止沃尔玛

沃尔玛超市是世界上最大的零售商，在它身上体现了美国工会所面临的困境。沃尔玛是一个规模巨大的雇主，它的3700家门店拥有120余万员工，每个月的销售收入超过200亿美元。[72] 它抵制所有工会组建运动。[73]

沃尔玛实行向消费者提供低价商品的商业模式，并取得了成功，它可以这样做的部分原因，是它向员工提供较低的工资和很少的员工福利。[74] 该企业无论在哪里开立门店，都会迫使其竞争者降低运营成本，给当地工资、福利水平以及工作条件带来负面影响。例如，上章中描述的2003年加利福尼亚州南部发生的大规模杂货店罢工，实际上是因为这些超市宣称它们为了与新的沃尔玛特大购物中心竞争，必须降低人工成本。[75]

工会已经在运用其政治影响力来阻止沃尔玛的扩张。在加利福尼亚州洛杉矶郊区的英格尔伍德，工会加入了由商业、宗教与社区领袖组成的联盟，以反对一项允许沃尔玛不受当地官方干预，开设一家约24公顷的购物中心公民投票活动。工会担心那些无法与沃尔玛竞争的商店将会减少削减工作岗位，而且这家大型的零售企业可能压低已建工会商店的工资与福利。最终，投票结果为60%的公民反对沃尔玛，40%支持。[76]

在芝加哥，市议会投票推迟了关于允许沃尔玛开设两家商店的行动区划变动的听证会。由工会与宗教团体构成的联盟反对沃尔玛开设这些商店，而需要更多本地工作岗位的社会组织则表示支持。[77] 在纽约市皇后区，由于工会、小企业主、社区组织以及环保主义者的激烈反对，一位房地产开发商放弃了在购物中心内开设一家沃尔玛超市的计划。这是将沃尔玛排除于纽约市区域以外的协同努力的一部分。[78]

工会的领导人认识到，他们无法运用其政治力量来赢得针对沃尔玛的战斗，因为新的超市可以开设于那些受阻的城市之外。更确切地说，他们将沃尔玛视为工会自身弱点的信号，视为正在增长中的行业的优势雇主所具备的，抵制工会组建活动的能力。沃尔玛辩解说，他们并未采取严厉的措施抵制工会组建活动，更确切地说，他们发展了一种参与式的管理使工会的存在不再必要。沃尔玛的一位发言人宣称，沃尔玛并不反对工会，“之所以我们的合作者不需要第三方（工会）的代表，是因为他们对沃尔玛公司有信心，公司向合作者提供了巨大的机会。”[79] 工会无法对这样的挑战置之不理，但工会意识到了其政治力量的局限性：游说只能阻止建设沃尔玛超市，却无法在已开设的沃尔玛超市中开展工会组建活动。

## 2004 年的总统选举

关于工会政治成败的最富戏剧性的例子发生于美国总统选举期间。工会在克林顿总统的选举中发挥了重要作用。工会支持克林顿，向其竞选运动捐款，鼓励会员参加其集会并投票支持他。1992 年，克林顿的得票中，大约有四分之一来自工会会员家庭，同时作为部分回报，克林顿在其执掌白宫后不久，就撤销了两项老布什政府作出的反对工会的规定。其中一项规定，要求联邦政府的承包商发布通知，告知工人有权拒绝缴纳工会会费，另一项规定则禁止那些参与联邦政府投资的建筑工程的雇主要求员工参加工会。[80] 之后，因为两件比撤销老布什政府规定更重要的事情，工会与克林顿发生了分歧——一是克林顿支持《北美自由贸易协定》，二是他未能推动本可改善工会组建活动的劳动法律改革。尽管如此，工会仍然在克林顿的第二任期对他表示支持，因为工会并没有其他选择。

在 2000 年的总统竞选过程中，工会非常活跃，因为他们担心对工会不友好的小布什政府掌权（例如，削减劳工委员会的预算、不受限制的国际贸易、总统对任何劳动法律改革法案行使否决权等）。工会在工会会员家庭中注册了 230 万新选民，进行了 800 万次电话宣传，发放的宣传页超过 140 万份，还发了 6 万封鼓励人们投票的电子邮件。大约有 10 万名工会会员作为志愿者参加了电话宣传和挨家挨户的拉票活动，还有 900 多名工会会员参与了相关职位的竞选。工会在 2000 年选举中，一共投入了大约 9000 万美元。[81]

如本章前面所讲到的，在 2004 年的总统选举中，工会出于对小布什总统的极端仇恨而充满斗志。工会预见到，如果小布什再次当选，将会出现对最低工资标准提高和劳动法律改革的持续反对，而且不受限制的国际贸易将会加剧会员工作岗位特别是制造业工作岗位的流失。虽然克里并不具备特别强烈的支持工会的从政记录，但他却是所有竞争者中最有能力让小布什下台的人。如果工会能够发挥重要作用帮助克里取得胜利，那么这可能成为一次复兴的标志——建立与政治经济局势新的联系并重新确认工会作为美国工人代言人的角色。许多“摇摆州”——在美国大约有 11 个州的选情十分胶着，候选人要赢得选举必须在这些州取得胜利（如俄亥俄州、宾夕法尼亚州、佛罗里达州等）——都拥有较高的工会会员比例。如果这些地方的工会影响力不强，工会活动家将会被派到这些地方帮助克里获得支持。工会打算利用其在政治“地面战”方面的技巧与经验，使竞选情况发生关键的变化。[82]

劳联-产联公布了一项政治动员计划，该计划包括：①为数百万工会会员家庭的成员进行投票登记，并帮助他们填写选票；②就一些与工会会员密切相关的重要问题开展沟通交流项目，包括就能够与工薪家庭取得共鸣的相关问题（如医保改革）进行积极的公共宣传；③打造一支由工会会员志愿组成的大军，在工作场所进行教育动员活动；④培训全职的政治领域协调员；⑤通过多种形式与工会会员家庭进行沟通交流，包括家访、打电话以及发送网络信息；⑥招募工会会员参加政治职位的竞选。约翰·斯威尼宣布，这一计划行动是工会有史以来开展的最大规模的政治努力，其目标是“抛弃那些脱离时代的领导人，推动国家再次前进”。[83]

劳工联盟组建了一个新的组织——劳动美国（Working America）——与那些在工人及其家庭相关问题上表示支持的未入会工人进行沟通和动员。虽然宣称自己属于超党派组织，但劳动美国却开展挨家挨户的拉票活动，并发放竞选刊物。在过去的选举中，工会的精力主要集中于进行选民登记并鼓励选民出门投票，但在2004年，工会将其行动策略改变为，在小布什于2000年曾以微弱优势获胜的摇摆州中，争取那些主意未定的工会会员家庭的选民。[84]

工会为此次竞选活动投入了大量资金。由于这些资金直接付给了宣传团体以及候选人和政党，所以很难计算出工会捐献的具体金额。但是看起来，工会在 2004 年选举中的投入至少有 1.5 亿美元，其中包括来自服务业雇员工会的 6500 万美元与来自劳联-产联的 4500 万美元。[85] 工会利用了 527 漏洞［因该漏洞存在于美国《国内税收法》（*the Internal Revenue Code*）的第 527 节而得名①］。在美国 50 个最大的 527 委员会中，工会占了 9 个。其中，服务业雇员工会与美国州、县、市政雇员联合会分列第五和第六位。[86]

尽管工会投入了大量的资金，开展了广泛的宣传活动，但 2004 年的全国选举仍然引起了人们对工会政治实力的怀疑。在关于这场选举的事后分析中，很难找到支持工会政治实力的证据。[87] 确实有 65%的工会会员投票支持了约翰·克里，但这与 2000 年阿尔·戈尔获得的支持率（63%）并没有太大的不同，而且摇摆州中克里 68%的支持率也并不显眼。[88] 工会会员数量的下降带来了问题——更少的会员意味着更少的投票者。在 2004 年，所有投票者中有 14%属于工会会员，而在 2000 年这一数字为 16%。[89] 工会会员家庭的成员占选民总数的 24%，而这一比例在 2000 年时是 26%。工会会员数量下降带来的最严重的后果，可能是对工会在“地面战”中优势地位的挑战。工会在选举中的努力确实让人印象

① 根据美国选举法，国会议员每次选举只能接受每个人不超过 1000 美元，每个政治行动委员会不超过 5000 美元的捐款。但是，如果他组建了一个 527 委员会，那么就可以从个人、公司与工会接受不受限制的“软钱”捐款。——译者注

深刻。工会的员工与志愿者走访了600万选民，发放了3200万份宣传刊物。其宣传活动雇用了5000名全职工人和20万余名志愿者。工会组建了有2322条热线的电话宣传班子。他们将员工与会员从支持克里的州转移到摇摆州。[90] 仅服务业雇员工会一家就向摇摆州派出了2000名志愿者。[91] 然而，工会的对手做得更好。自从双方势均力敌的2000年选举以来，共和党便将其支持者纳入可以在选举日出来投票的团体。例如，在佛罗里达州，许多人原来以为选情将会比较胶着，结果小布什总统却取得了决定性的胜利，共和党组建了包括学生和教会成员在内的10.9万名志愿者团体，这些人在选举日及此前5天接触了300万选民。[92] 在俄亥俄州，共和党宣称现场有8000名志愿者。[93] 在2004年的选举中，共和党及其盟友总共可能有不下于120万名志愿者[94]。很显然，工会已然不再是动员活动的优胜者。

## 结　论

本章所介绍的政治活动是作为工会工作方法与工作目标的典型例子而挑选出来的，在这里还可以引证一些其他的事例，例如：

——2000年5月，国会以237票支持，197票反对的投票结果授予了中国永久正常贸易关系，这在很大程度上是克林顿总统大力支持以及工商业团体投入大量资金、富有经验地密集开展支持中国的贸易宣传的结果。[95]

——在2000年佛罗里达州有争议选举期间，工会会员与工会工作人员在支持阿尔·戈尔的集会中发挥了关键作用。[96]

——工会游说反对2002年的《国土安全法案》，因为该法案拒绝为新成立的国土安全部的政府职员赋予完整的集体协商权利与工作保障。虽然最终通过了一项折中法案，但政府保留了雇用和解雇该部门职员的灵活性。[97]

——工会向科罗拉多州立法机关游说通过相关立法，要求那些由该州政府执行的工作雇用美国人。这一限制该州客户与技术支持服务外包的努力未能获得通过，因为工商业团体认为，如果这样做，其成本将会十分高昂。[98]

——工会协同几家妇女与工人权益组织，游说反对2003年的一项国会法案。该法案赋予工人在每周工作超过40小时的情况下，对于补休与1.5倍加班工资的选择权。反对该法案的联盟认为，雇主将迫使工人选择补休，从而剥夺了工人获得更高工资的可能。共和党的提案人意识到无法获得法案通过所需要的支持，最终撤回了该法案。[99]

——工会支持那些扩大相关工人群体入会权利的候选人，这些工人因其独立承包人的身份而无法加入工会。在伊利诺伊州州长签署行政命令允许儿童护理工加入工会后，美国服务业雇员工会吸收了3.9万名儿童护理工入会。这些工人负责照顾儿童，其工资由州政府支付。美国服务业工会是该州州长竞选活动最大的单一捐助者。[100]

我们还可以继续在工会政治活动的列表中增加如下内容：工会在大量的包括从学校委员会委员到市长的任何可以想到的职位的选举活动中，对参选候选人予以支持；参与包括反对血汗工厂与分配歧视运动在内的，工人权利与工作场所问题相关联盟；持续游说保护那些被廉价进口产品所摧毁的行业的工作岗位（如服装、纺织与钢铁）。

鉴于工会复杂的从政记录以及其在2004年选举中的糟糕表现，现在有人开始质疑工会是否应当减少工会政治活动，并集中精力于工会组建和开展集体谈判。这个问题并不值得讨论，因为工会开展活动的环境并不是孤立的，而政治与工会的任何工作都紧密相关。正如德兰尼和马斯特所评论的："政府干预社会的权力让最务实的工会运动也要参与到政治领域的活动中来。"[101] 即使是最保守的工会领导人也能轻易发现，政治活动是如何加强其所在工会在谈判中的实力，让工会在组建工会活动中更加成功，并使工会的声音在立法机构中能够压过雇主声音的。无论工会是代表消防队的工人还是代表轧钢厂的工人，强大的政治影响力都不是多余的奢侈品，而是维护工会地位的必需品。[102] 工会努力帮助那些同情劳工运动的政治家参加选举，既起到了防止工会谈判权与代表权被撤销的作用，也有助于创造良好环境，使有利于工会的法律法规得以执行。也就是说，集体谈判与工会的政治活动紧密相连。[103]

工会的政治实力目前受到了严重的削弱。工会通过联盟的形式开展活动时最为强大，也最能帮助到全体工人，而不仅是工会会员。同时，工会只有同那些得到公众支持的政治候选人与议题站在一起，才能取得政治活动的成功。他们无法独立取得胜利，也无法使注定要失败的议题获胜。工会曾经是政治"地面战"的最强者，但是如今许多其他的团体也都做得很好。无论工会投入多少资金，企业与相关组织投入的总会更多。

《商业周刊》（*Business Week*）近期刊登的一篇文章问道："具备强大拉票能力的工会（入会工人），已经变成了体重只有98磅的政治弱者了吗？"[104] 当然，问题并不是那么简单。我们应当问，如果工会会员数量持续下降，工会在政治上的成功是否将会更加稀少，而失败则更加频繁和深刻？同时，自相矛盾的是，我们还应当问，改变工会会员减少现状的唯一办法，是否就是恢复工会的政治影响力？

## 参考文献

1. 近百年前，劳联的主席塞缪尔·冈珀斯（Samuel Gompers）告诉工会的官员们："回报你的朋友并惩罚你的敌人。" Lichtenstein, N. (1999). American trade unions and the "labor question": Past and present. In Century Foundation Task Force on the Future of Unions (Ed.), *What's next for organized labor*? New York: Century Foundation Press, p. 107。

2. 关于工会与民主党联系的历史发展的简洁回顾，参见 Change, T. Y. (2001). The labour vote in U. S. national elections. *Political Quarterly*, 72, pp. 375-385。

3. AFL-CIO. (2002, November 6). Remarks by John J. Sweeney, President, AFL-CIO post-election press briefing. www.aflcio.org/mediacenter/prsptm/sp11062002.cfm。关于工会在支持候选人方面策略的分析，参见 Dark, T., III. (2003). To reward and punish: A classification of union political

strategies. *Journal of Labor Research*, 24, pp. 457–472。关于工会卷入政治的合理尺度的担忧，参见 Phillips–Fein, K. (2003). Does that elephant bite? Union alliances with the GOp. *New Labor Forum*, 12 (1), pp. 7–16; Fox–Piven, F. (2003). Can labor bite back? A response to Phillips–Fein. *New Labor Forum*, 12, pp. 17–20。

4. Greenhouse, S. (1999, September 11). Labor is divided on endorsement. *New York Times*, p. A1; Moberg, S. (1999, November 14). New labor; old politics. *In These Times*, p. 9.

5. Dark (2003); Wilgoren, J. (2004, May 17). Kerry praises Gephardt in effort to win over Teamsters. *New York Times*, p. A16。达克（Dark）(2003) 描述了"空头支票"型的支持策略，也就是说，支持一位候选人但并不向该候选人的竞选活动投入工会资源。这一策略可能作为对候选人政策不满的信号。例如，工会曾经在 1994 年国会选举中使用该策略来表现工会对支持《北美自由贸易协定》的民主党人的愤怒。

6. AFL–CIO backs Kerry. (2004, February 19). *USA Today*. www.usatoday.com/news/politicselections/nation/primariescaucus/2004–02–19–kerry–aflcio_x.html.

7. Greenhouse, S. (2004, January 21). For labor, a day to ask what went wrong. *New York Times*, p. A19。起初，18 家工会（主要是一个被称为经济正义联盟的团体的产业工会）支持格普哈特（Gephardt），当时两家大型服务业部门工会支持迪安（Dean），但在 2004 年 2 月 11 日除了一个工会（服务业雇员国际工会）外，所有的工会都转向支持了克里。UNITE 即服装与纺织工会支持爱德华兹（Edwards）。参见 Bernstein, A., and Sager, I. (2004, February 23). The unions are falling in behind Kerry. *Business Week*, 3871, p. 14。

8. Cellender, D. (2004, February 11). Loss of endorsement is hurting Dean here. *Madison. com*. www. madison. com; Halbfinger, D. M. , and Lyman, R. (2004, February 20). AFL-CIO, calling for unity, gives backing to Kerry. *New York Times*, p. A16。美国州、县与市政雇员联合会的 Gerald W. McEntee 收回了其对迪安的支持，表示迪安应当退出竞选。Nagourney, A. (2004, February 20). Labor supporter says Dean ignored his entreaties to quit. *New York Times*, p. A18; Wilgoren, J. (2004, February 8). Major union plans to pull its support for Dean. *New York Times*, p. A15; Hayes, C. (2004, February 2). Endorsement up for grabs. *In These Times*. www. inthesetimes. com。

9. Greenhouse, S. (2003, November 12). Old loyalist and new face divide backing of unions. *New York Times*, p. A12; Halbfinger, D. M. (2004, February 10). With Gephardt gone, Kerry is lining up labor backing. *New York Times*, p. A18; Greenhouse, S. (2004, August 1). Though united in politics, unions face internal turmoil. *New York Times*, p. 13.

10. Nipp, L. (2003, May 2). Labor leader: Kerry "best chance" to beat Bush in' 04. *USA Today*. www. usatoday. com/news/washington/2003-02-05-kerry_ x. html.

11. Brownstein, R. (2003, May 20). Who will get labor's nod? *Boston Globe*, p. A17.

12. Greenhouse, S. (1999, September 11). Labor is divided on endorsement. *New York Times*, p. A1.

13. Dark (2003); Dine, p. (2004, February 20). Kerry endorsement spurs questions about labor's unity. *St. Louis Post-Dispatch*, p. A1.

14. 例如，工会在民主党 2003 年的总统初选中对迪安的支持帮助他进入了候选人的主流，并扩大了迪安包括大范围工人在内的选民基础，同时工会在早期竞选过程中拒绝了支持迪恩的对手。Baer, S. (2003, November 6). Service Workers support expected to broaden base. *Baltimore Sun*. www. baltimoresun. com/elections。

15. Marelius, J. (2004, February 19). Once-divided unions unite around Kerry. *San Diego Union Tribune*. www. signonsandiego. com; Merkels, A. (2004, March 15). Kerry's steady flame. *U. S. News*. www. usnews. com.

16. Nagourney, A. (2003, August 6). Democrats seeking labor's backing call for more health benefits and less free trade. *New York Times*, p. A14; Archibald, R. C. (2003, September 9). Presidential hopefuls courting huge union for endorsement. *New York Times*, p. A14; PBS. (2003, November 12). *Campaign times*. www. pbs. org/newshour/bb/politics/july-dfec03/dean endorsement_ 11-12. html.

17. Annenberg Election Center. (2003, October 4). Annenberg election study measures union votes, shows labor, white votes for Democrats. www. upenn. edu/researchatpenn。在关键的工业州中，工会会员家庭占了选民的很大一部分，在2000年选举中，工会会员家庭占到了密歇根州选民的43%，纽约州与俄亥俄州的36%、伊利诺伊州的33%、新泽西州的32%以及宾夕法尼亚州的30%。Labor Research Association. (2000, November 15). Union voters in key states helped Al Gore win popular vote. www. laborreasearch/org/natl_ elections/turnout_ 00. html。

18. Moberg, D. (2002, July 1). It's payback time: Labor-backed politicians are being asked to return the favor in union fights. *The Nation*, 275, pp. 19-23.

19. 参见 Greenhouse, S. (2003, February 23). Labor gathers resources to unseat president in 2004. *New York Times*, p. A21; There goes Hoffa (devil in

the details). (2003). *American Prospect*, 14, p. 8; Apple, R. W., Jr. (2004, January 18). Gephardt counts on old – style, blue – collar support. *New York Times*, p. A14。关于工会对小布什总统从政记录的冗长批评，可以参见劳联-产联的网站：*Bushwatch*. www. aflcio. org/issuespolitics/bushwatch。

20. Lee, C. (2004, June 28). Federal employees' union endorses Kerry. *Washington Post*, p. A19.

21. Becker, E. (2004, April 29). Bush rejects labor's call to punish China. *New York Times*, p. A4.

22. Gonzalez, J. (2003, October 23). Union to be out beating the Bushies. *Daily News* (*New York*), p. 8.

23. Greenhouse, S. (2004, August 1). While united in politics, unions face internal rifts. *New York Times*, p. A14.

24. Strope, L. (2004, March 11). Swing union voters focus of AFL–CIO mobilization efforts. www. sfgate. com/cgibin/article. cgi? file =/news/archive/2004/03/11/politics0311EST.

25. Delaney, J. T., and Masters, M. F. (1991). Unions and political action. In G. Strauss, D. J. Gallagher, and J. Fiorito (Eds.), *The state of the unions*. Madison, WI: Industrial Relations Research Association, p. 317.

26. www. opensecrets. org.

27. Lewis, N. (2003, September 8). Clout shifts with the change in campaign finance rules. *New York Times*, p. A8。关于新旧规则的比较，请参见联邦竞选法：新的捐款限制，www. opensecerts. org。

28. 527 委员会的例子是 Moveon. org 投票基金与媒体基金。关于 527 委员会的简要讨论，参见第 527 节：A victory for associations. (2003). *Association Management*, 55, p. 10。

29. 关于 527 委员会法律地位的讨论，参见 Wertheimer，F.，et al.（2004，February 4）. Comments on draft advisory opinion，2003-37（of the Federal Election Commission）. Unpublished memo。关于展现 527 委员会尽管有其声明的目标，但也具有党派倾向性的拉票活动的描述，参见 Rosenthal，E.（2004）. Across the nation，a parallel campaign rolls on，neither neutral nor partisan. *New York Times*，p. A10。

30. Malone，J.（2004，November 7）. Elections for federal office cost ＄3. 9 billion. *Atlanta Constitution-Journal*，p. A7.

31. DeBose，B.（2003，November 21）. House panel to subpoena Section 527 fund-raisers. *Washington Times*，p. A4；Justice，G.（2004，January 16）. Finance battle shifts to election panel. *New York Times*，p. A16；Mitchell，K. B.，Epstein，K.，and Byrd，T.（2004，June 14）. 527 groups gain political clout. TBO. COM. http：//news. tbo. com/news/MGBZ6ER0GVD. html；Justice，G.（2004，May 14）. F. E. C. declines to curb independent fund-raisers. *New York Times*，p. A16；Schmitt，C. H.（2004，September 20）. A shift in the balance of power. *U. S. News & World Report*，137，p. 34。关于 527 委员会的选举后回顾，参见 Justice，G.（2004，November 8）. Even with campaign finance law，money talks louder than ever. *New York Times*，pp. A1，A16。联邦选举委员会曾经讨论过任何关于 527 委员会的限制都应当同样适用于 501c 团体，这些团体包括慈善团体、贸易协会、“社会福利”团体以及工会。例如，在 2000 年 8 月，美国州、县、市政雇员联合会向成立美国家庭声音这一 501c 组织捐献资金，该组织在总统竞选时批评小布什。该工会还在 2004 年选举中，帮助创建了与美国家庭组织的伙伴关系，以动员民主党的选民基础（黑人与西班牙选民）。其宣称的目标是去选情胶着的“战场州”登记选民、告知选民相关事项并劝说选民出门投票。根据 501c 的税收法规，

工会可以参与政治活动，包括民意测验、游说与宣传，但他们不能拥护选举或者挫败具体的候选人。有人为 501c 团体辩护说，这些团体从事着重要的宣传工作，这些工作不应被限制，因为这样的限制将对人民批评其政府的能力产生不利影响；同时，另外一些人则认为这不过是一个政治托词，是募集软钱的法律漏洞，要不然就已被竞选改革法案禁止了。

32. Greenhouse, S. (2001, February 16). Bush is moving to reduce labor's political coffers. *New York Times*, p. 14。美国劳动部发布了一项要求，工会从 2004 年夏季开始需要披露其在选举活动方面的花费，其理由是这样的披露将帮助工会会员决定是否退出支付全额会费。劳联-产联将这些规定视为对其政治实力的直接攻击，并反对这些规定，认为企业也应当在报告中向其股东报告政治献金。

33. Strope, L. (2003, November 11). Big labor chief: Anybody but Bush. CBSNews. com. www. cbsnews. com/stories/2003/11/11/politics/prinable 582918. shml.

34. Strope, L. (2002, October 28). Gct out the vote? Labor knows how. *Seattle Post-Intelligencer*. http://seatlepi. nwsource. com/business/93074_labor28. shtml。工会在争取选票方面所取得的重要成就的例子，参见 AFL-CIO. (2004). Election Day difference—New working family voters. http://www. aflcio. org/issuespolitics/politics/ns10262000. cfm。

35. Greenhouse, S. (2000, February 16). The 2000 campaign: The unions. *New York Times*, p. A21; Esposito, A. (2004, September 6). Unions want say on E-Day. *Worcester Telegram and Gazette*. www. telegram. com/apps/phcs. dll/article; Seelye, K. (1999, October 13). Gore campaign plans to enlist labor and blacks to beat back challenge by Bradley. *New York Times*, p. A23.

36. Feldman, L. (2000, April 12). Labor's new tactics in stumping for

Gore. *Christian Science Monitor*, p. 3; Postman, D. (2004, March 13). Firefighters on the front line in Kerry's campaign. *Seattle Times*. www. seattletimes. nwsource. com/ cgi-bin。一些工会已经因为动员会员而广受社会关注。服务业雇员工会的会员在迪安总统初选期间好像到处都有他们的身影，而油漆工工会和消防员工会在约翰·克里（John Kerry）竞选早期的地位十分显著，当时几乎没有工会支持克里。消防员工会的会员虽然在克里的竞选活动中，特别是在民主党提名候选人还没有确定的重要早期阶段十分活跃，但并没有直接支持克里。消防员工会的官员问会员们在总统身上希望看到什么特点，然后根据回答，官员们选出了他们认为在影响消防员的事项上具有最有利立场的候选人。虽然更多的工会会员认为自己是共和党人而非民主党人或者独立人士，但仍然支持了克里。

37. For example, see Date, S. V. (2004, November 4). President won Florida with better ground game. *Palm Beach Post*. www. palmbeachpost. com/politics/content/news/epaper/2004/11/04; Verhovek, S. H., and Shogren, E. (2004, November 4). Republicans beat Democrats in Ohio ground game. *Los Angeles Times*. www. latimes. com/news/nationworld/nation/la - na - ohi04nov04, 1, 7834861.

38. Shoch, J. (2001). Organized labor versus globalization: NAFTA, Fast Track and PNTR with China. In L. Turner, H. C. Katz, and R. W. Hurd (Eds.), *Rekindling the movement: Labor's quest for relevance in the twenty-first century*. Ithaca, NY: Cornell University Press, p. 281.

39. Chaison, G., and Bigelow, B. (2002). *Unions and legitimacy*. Ithaca, NY: Cornell University Press, pp. 59-72.

40. Chaison and Bigelow (2002), pp. 62-70.

41. Shoch (2001).

42. Chaison and Bigelow (2002).

43. Rose, J., and Chaison, G. (1996). Linking union density and union effectiveness. *Industrial Relations*, 35, p. 95.

44. Bennet, J. (1997, September 25). Clinton urges labor unions not to punish free-trade Democrats in Congress. *New York Times*, p. 28.

45. Greenhouse, S. (1997, September 24). AFL-CIO turns energy against pacts on free trade. *New York Times*, p. 22.

46. Shoch (2001), pp. 286-288.

47. Shoch (2001), pp. 294-300.

48. 在2001年小布什政府试图重新引入快速通道的时候（失败了），还有一次强烈的、组织严密的反对行动。Greenhouse, S. (2001, October 17). Labor leaders oppose a trade bill. *New York Times*, p. A14。

49. Stout, H. (1988, January 24). The economics of the minimum wage: Propping up payments at the bottom. *New York Times*, p. A4。根据1938年的公平劳动标准法案，联邦最低工资标准确定为25美分（每周超过40小时加班时间的最低工资为该标准的1.5倍）。最近一次国会提高最低工资标准是在1996年，将最低工资标准提高到每小时5.15美元（1997年生效）。联邦最低工资标准不能取代更有利于雇员的各州立法。HR (human resource management website). (2004, June 24). Minimum wage: An overview. HR. BLR. com, hr. blr. com/article. cfm/Nav/1. 40. 202. 0. 5399。

50. Sonn, P. (2004). The new municipal minimum wage laws. *Perspectives on Work*, 8, p. 44.

51. Uchitelle, L. (2004, May 16). Economic view: Election-year shuffle on the minimum wage. *New York Times*, p. B6.

52. AFL-CIO. (2004, March 29). Bushwatch: The complete file. www. afl-

cio. org/issuespolitics/bushwatch。该提案还免除了收入超过一定标准的航空、医保、国防与信息技术工人的加班工资待遇。

53. AFL-CIO.（2003，October 2）. Statement by John J. Sweeney on House vote to bar Labor Department from cutting overtime pay. www. aflcio. org/medfia-center/prsptm/pr100022003. cfm.

54. Richman，J.（2004，June 17）. Appeals court rebuffs Skates' living-wage suit. *Alameda Times-Star*. http：//www. timesstar. com/Stories/0，1413，1251.

55. ACORN [Association of Community Organizations for Reform Now].（2004）. Living wage campaigns underway. www. livingwagecampaign. org/campaigns. php；Labor Research Association.（2001，September 4）. The labor movement and its achievements. www. laborresearch. org。关于生活工资法律对地方工资与就业的影响的分析，参见 Neumark，D.，and Adams，S.（2003）. Detecting effects of living wage laws. *Industrial Relations*，42，pp. 531-564。关于生活工资实施的一项研究，参见 Luce，S.（2004）. *Fighting for a living wage*. Ithaca，NY：Cornell University Press。*Industrial relations* 杂志在 2005 年 1 月专门发行了一期用于讨论生活工资，参见（2005）. Special issue：The impact of living wage policies. *Industrial Relations*，44，pp. 1-192。

56. ACORN.（2004）. Introduction to ACORN's living wage website. www. livingwagecamapign. org.

57. 生活工资运动能够导致持久的工会与社区组织联盟的创建，因为这些运动所涉及的问题具有广泛的吸引力。这一点在南佛罗里达州进行的联盟努力有所表现，相关描述参见 Nissen，B.（2004）. The effectiveness and limits of labor-community coalitions：Evidence from south Florida. *Labor Studies Journal*，29，pp. 67-89。

58. 关于生活工资运动的回顾与分析，参见 the articles in a special issue (Volume 8, summer 2004) of *Perspectives on Work*: Kern, J. (2004). The living wage movement: Organizing for the long haul, pp.31 – 33; Garthwaite, C. (2004). An argument against living wage laws—And in favor of a sound alternative, pp. 34–36; Luce, S. (2004). What happens after the laws pass? Implementing and monitoring living wage ordinances, pp.37–39; Levin–Waldman, O. M. (2004). The living wage movement: It's significant to urban politics and citizenship, pp. 40–42。

59. 这样的改革是以加拿大劳动法律的原则与实践为基础的。例如，参见 Rose, J. B., and Chaison, G. N. (1995). Canadian labor policy as a model for legislative reform in the United States. *Labor Law Journal*, 5, pp. 259–272。

60. 劳联–产联的主席约翰·J. 斯威尼表达了观点，他说："劳动者必须在没有法律的情况下组织起来，这样我们此后才能在法律之下进行组建活动。"引自 Lichtcnstcin (1999)。

61. 关于劳动法律改革的早期尝试的讨论，请参见 Townley, B. (1986). *Labor law reform in U. S. industrial relations*. Aldershot, UK: Gower。同时，还有致力于推动劳动法律改革的邓禄普委员会报告，U. S. Department of Labor. (1995). *Final report and recommendations of the Commission on the Future of Worker Management Relations*. Washington, DC: Government Printing Office。该委员会提出了几项建议，包括快速认证选举、使用法院禁令以阻止组建活动期间对工会支持者的歧视，然而发生于 1994 年 11 月委员会工作期间的国会控制权由民主党向共和党的转移，终结了劳动法律进行重大改革的可能性。

62. AFL–CIO. (2004). Employee Free Choice Act. www. aflcio/org/aboutu-

nions/voiceatwork；Greenhouse，S.（2003，November 14）. National briefing：Washington：New unionization push. *New York Times*，p. A14；Green，C.（2003，November 13）. Congressional Democrats seek to streamline unionization process with card check bills. LRA Online. www. laborresearch. org/story2. php/334. html.

63. AFL – CIO.（2004，June 7）. Work in progress. www. aflcio. org. aboutaflcio/wip.

64. U. S. Department of Labor.（2004）. *Union members in 2004*. USDL 05–112. Washington，DC：U. S. Department of Labor，Bureau of Labor Statistics.

65. Murphy，D. E.（2003，August 6）. A. F. L. –C. I. O. joins fight against California recall. *New York Times*，p. A11；Broder，J.（2003，August 27）. Leaders of California's largest union vote to raise large amounts to defeat Davis recall. *New York Times*，p. A11.

66. Kasindorf，M.（2003，September 2）. Countdown begins for recall vote. *USA Today*，p. A4.

67. 例如，可参见以下法律事务所的分析：Ogletree，Deakins，Nash，Smoak & Stewart.（2003，October 27）. Davis leaves his mark with new labor laws. *California Employment Law Letter*，p. 13。

68. NewsMax. com Wires.（2003，October 8）. http：//www. newsmax. com/ archves/articles/2003/10/8/03903. shtml。一些工会在施瓦辛格当选之后出于实务的原因弱化其反对活动。2004 年 6 月，曾经反对罢免提议的加利福尼亚州建筑与建设行业委员会，一个由建设工会组成的协会，在施瓦辛格签署一项允许在加利福尼亚州扩张赌博业务的法案时，公开对州长表示支持。该委员会的会员可能在公路建设项目中获得工作岗位，而该项目的建设资金来自新开设的赌博业务。Broder，J. M.（2004，June 22）.

More slot machines for tribes, and $1 billion for California. *New York Times*, p. A11。

69. Bernstein, A., and Borus, A. (1998, June 15). A bazooka aimed at big labor backfires on the GOp. *Business Week*, p. 55; Terry, D. (1998, May 28). Labor chips away at ballot nemesis. *New York Times*, p. 18.

70. Protection? Rejection! (California Proposition 226). (1998, September). *NEA Today*, p. 10; Cohn, J. (1998, June 29). Grover cornered. *The New Republic*, p. 6.

71. Gary Chaison, quoted in Paige, S. (1998, November 9). How powerful are unions in politics? *Insight on the News*, p. 34.

72. Greenhouse, S. (2005, May 4). Can't Wal-Mart, a retail behemoth, pay more? *New York Times*, pp. C1, C6; CNNMoney. (2005). Retailers rake in healthy sales. www. money. cnn. com/2005/03/03/news/economy/retail_ sales.

73. Greenhouse, S. (2004, January 13). In-house audit says Wal-Mart violated labor laws. *New York Times*, p. A16; Greenhouse, S. (2004, December 11). Unions push for better pay at Wal-Mart. *New York Times*, p. A16。2005 年 2 月，联合食品与商业工人工会在科罗拉多州拉夫兰沃尔玛 tire-and-lube 店工人进行的认证选举中以 17∶1 的结果失败了。据说，在沃尔玛的其他店中组建运动正在进行，但没有进入选举阶段。2000 年，美国州杰克逊维尔市的肉食品加工工人曾经投票决定由沃尔玛代表，但沃尔玛在西南地区用提前包装好的肉食品取代了所有的肉加工操作。Greenhouse, S. (2005, February 26). At a small shop in Colorado, Wal-Mart beats a union once more. *New York Times*, p. A8。关于沃尔玛超市中劳动关系与工会组建活动的回顾，参见 Edid, M. (2005). *The good, the bad and Wal-Mart*. Cornell University Institute for Workplace Studies, IWS issues brief. http: //digital-

commons . ilr. cornell. edu/briefs/6。

74. Abelson, R. (2004, November 1). States are battling against Wal-Mart over health care. *New York Times*, pp. A1, A13.

75. Goldman, A., and Cleeland, N. (2003, November 23). The Wal-Mart effect. *Los Angeles Times*, p. A1。据估计，每个沃尔玛超级购物中心都会导致联合食品与商业工人工会损失 200 名会员。沃尔玛公司计划在全国开设 1000 家超级购物中心销售食品杂货与日用商品，而且在每个购物中心都会有超过 10 万种产品。

76. Broder, J. M. (2004, April 8). Voters in Los Angeles say no to a big WalMart. *New York Times*, p. A16; Lin, S., and Morin, M. (2004, April 7). The region: Voters in Inglewood turn away Wal-Mart; Bid by the retailer to bypass environmental review and public hearings and open a "supercenter" in the city is soundly rejected. *Los Angeles Times*, p. A1.

77. Pallasch, A., and Patterson, S. (2004, April 1). Aldermen say "union, yes" and delay Wal-Mart stores. *Chicago Sun-Times*, p. 17.

78. Greenhouse, S. (2005, February 24). To cheers of opponents, plans for a city Wal-Mart are dropped. *New York Times*, p. A22; Greenhouse, S. (2005, February 10). Foes dig in as Wal-Mart aims for city. *New York Times*, p. A23.

79. Kinzer, S. (2004, May 6). Wal-Mart's big city plans stall again. *New York Times*, p. 6.

80. Rose, J., and Chaison, G. (1996). Linking union density and union effectiveness. *Industrial Relations*, pp. 78-105.

81. Labor Research Association. (2001, September 4). The labor movement and its achievements. www. laborresearch. org; AFL-CIO. (2000, November 8). In the "cliffhanger" presidential election, massive mobilization and high turnout

by union members made the difference in key states. www. aflcio. org/media-center/prsptm/pr11080200. cfm; AFL-CIO. (2002, November 22). The union difference: 26 percent of voters are from union households. www. aflcio. org/issues-politics/ns11082000. cfm.

82. Hayes (2004).

83. AFL-CIO. (2004). AFL-CIO Executive Council outlines 2004 working family election mobilization. http://www. aflcio. org/aboutaflc io/ns02282003. cfm.

84. Greenhouse, S. (2004, March 11). AFL-CIO plans to spend $44 million to unseat Bush. *New York Times*, p. A26; Strope, L. (2004, March 10). Labor approves funds to mobilize members against Bush. *San Diego Union Tribune*. www. signon sandiego. com/news/politics/20040310-1403-afl-cio. html.

85. Glanz, W. (2004, November 4). Unions' all-out effort comes up short. *Washington Times*. www. washingtontimes. com.

86. www. opensecrets. org.

87. 约翰·J. 斯威尼在其写给工人的公开信中写道:“我们为我们所支持的总统候选人未能在周二的选举中取得胜利而深感沮丧,但我们所有人应当为我们曾经共同做过的工作而极端自豪和鼓舞。”但他的信中几乎没有关于选票、投票率、动员情况或者与过去选举努力的比较等选举结果的具体细节。同时,他关于选举“惊人地接近”的声明与其说是对现实状况的真实评估,不如说是对会员的鼓励以及警告国会不要通过任何反对工会或者工人的法案。AFL-CIO. (2004). AFL-CIO President Sweeney: A letter to America's working families. www . afl-cio. org/issuespolitics/ ns11052004. cfm。

88. Glanz (2004, November 4); AFL-CIO. (2004). Survey: Union members back Kerry. www. afl-cio. org/issuespolitics/ns1103 2004. cfm.

89. Strope, L. (2004, November 4). Despite massive effort and spending, unions couldn't delivervotes for Kerry. www. sfgate. com.

90. Strope (2004, November 4).

91. Glanz (2004, November 4).

92. Goodnough, A., and Van Natta, D. (2004, November 7). Bush secured victory in Florida by veering from beaten path. *New York Times*, pp. 1, 24.

93. Kiely, K. (2004, November 3). Volunteers work to last minute. *USA Today*, p. 3A.

94. Barone, M. (2004, November 15). The 51 percent nation. *U. S. News & World Report*, p. 33. For a description of the activities of the campaign volunteers, see Lyman, R. (2004, November 2). In crunch time, racing door to door. *New York Times*, p. A5.

95. Shoch (2001), pp. 302–312.

96. Dine, p. (2000, November 28). Labor says it will support challenge of election. *St. Louis Post–Dispatch*, p. A7; Sengupta, S. (2000, November 27). Counting the vote: The demonstrators. *New York Times*, p. A13.

97. 例如，参见 CNN. (2002, November 13). Compromise reached on Homeland Security bill. www. cnn. allpolitics. com; CNN. (2002, November 26). Bush signs Homeland Security bill. www. cnn. allpolitics. com。

98. Fillion, R. (2005, February 22). State lawmakers asked again to curb offshoring. *Rocky Mountain News*, p. B5.

99. Greenhouse, S. (2003, May 10). Bill offers option of compensatory time. *New York Times*. http://www. nytimes. com/2003/ 05/10/politics/100ve. html; On the job. (2003, June 9). *Seattle Post–Intelligencer*, p. C1.

100. Meyer, G. (2005, April 7). Child care workers vote to unionize. *Chi-*

*cago Business*. http：//chicagobusiness. com/cgi－bin；Hale，C.（2005，April 8）. SEIU to represent day-care workers. *The Southern Illinoisan*. http：//southernillinoisan. com/articles/2005/04/08.

101. Delaney and Masters（1991），p. 313.

102. Lichtenstein（1999），p. 107.

103. Delaney and Masters（1991），p. 341.

104. Dunham，R.，and Bernstein，A.（2004，February 16）. It's only the primaries，and big labor is losing. *Business Week*，p. 47.

| 第六章 |

# 工会复兴

随着紧急情况发生频率的日益提高，以及对这种情况的清晰认识，工会活动家和劳动关系学者各自提出了有关工会复兴的方案。有些人主张采取可以短期见效的权宜之计，而其他人则对工会工作开出了进行重大改革的药方，并承诺该方案将带来长远的利益。一些方案关注工会内部的改革，另一些方案则涉及工会活动的法律与经济环境。本章无法冒昧地对这些方案进行评估——无论是更多的会员还是更大的影响力，每个方案都会给工会带来一些收获，只有时间能够说明哪个方案最有效，哪个方案能够产生持久的影响。不过，我们将沿着贯穿这些复兴方案的一般线索，来了解美国工会的实际状况。

绝大多数关于劳动关系的著作，以及工会在过去20年间发布的报告都指出了实现工会复兴的路径。工会和学界的一些具有里程碑意义的研究，就工会复兴问题进行了开创性探讨。例如，1985年劳联-产联战略委员会出版了一份名为《工人及其工会正在变化中的处境》（*The Changing Situation of Workers and Their Unions*）的报告，其中提出了引发争议的建议——工会应当创造新的会员类型“以容纳那些不属于工会谈判单元的个人……并考虑去除所有现存障碍，允许会员在退出谈判单元后仍然可以保留其会员身份”。[1] 也就是说，工会将要吸收新类型的会员——准会员（the associate member）、非多数会员（the nonmajority member）或者其他工会愿意使用的称呼——入会，不是为了在谈判中代表他们，而是为了向其个人提供相关的福利和保障（如法律服务、低成本的医疗保障福利，以及关于工作安全的建议等）。该建议从未被广泛采纳，而且10年来，工会对于吸收一般会员入会的需要，比吸收准会员入会，要更加强烈。[2]

多年来，钢铁工人工会、通信工人工会等工会组织出版了自己关于工会复兴的相关建议的图书，其内容一般是谴责自身低水平的组建活动，强调需要对组建范围进行清晰的表述，并敦促地方工会增强会员参与并发展公共关系。[3] 美国服务业雇员国际工会在2003年发布的一份名为《联合取胜》（*United We Win*）的讨论文件，该报告因为要求开展更多纪律严明、富有新意且有活力的组建活动，以及“实行以能够增强行业与市场实力的共同战略，而非先来后到为基础的组建规则”[4] 而在劳工运动中获得轰动。该报告还要求明确工会的组建管辖范围，并迫使那些具有类似管辖范围的工会进行合并。其中，压倒一切的主题，不仅是应当开展更多的组建活动，而且应当开展能够增强谈判能力，并为未来发展奠定基础的明智的组建活动。在2004年，这一讨论文件构成了几家工会要求劳联-产联进行结构调整、政策与领导变革的基础。[5]

为了回应美国服务业雇员国际工会的讨论文件，美国卡车司机工会的领导层提出了自己的改革方案。其建议包括降低劳联-产联治理结构的规模与复杂性，对有类似管辖范围的工会进行更多的合并，减少向劳联-产联缴纳的会费，以及开展一项选举支持劳工的国会与联邦政府的政治计划。[6]

有关工会复兴的方案都涉及工会组建、集体谈判与政治活动这三项工会基本活动的部分或者全部。在以下各节，我们要审视大多数方案共有的相关建议，设计一个通用的工会复兴方案，为我们提供一个关于工会组织健康问题的宽阔视野。[7]

## 工会组建

如果大量会员的流失（在过去25年里，工会会员数量减少了450万）[8] 是导致工会目前困境的根源，那么更多、更好的工会组建活动对于工会复兴将具有关键意义。工会复兴的支持者认为，工会必须把组建工作放到更加重要的位置上，持续寻找新的工会组建机会，并投入更多的资源。工会必须鼓励其会员与有经验的全职工会组织者一起，参加工会组建运动，组建活动再也不能仅仅作为专业的工会工作人员的职责。工会必须认识到工人作为组建资源的价值，而非仅仅将其当作工会组建的对象。潜在的会员可以自我组织，现有的会员可以在附近未建会企业中组织工人，也可以在其所在的企业中组织未入会的工人。他们对于工人工作条件（以及工人对工作条件的抱怨）有深刻的了解，而且在未入会工人中比工会组建工作者更受信赖。

应当开展更多的工会组建活动，而非仅仅是争取更高的组建成功率。最近几年，工会的组建成功率为50%—60%，然而，即使工会所有的组建活动都取得胜利，新增会员的数量也不足以弥补工人退休、工作变动以及企业倒闭引发的会员损失。要使会员数量显著增加，工会至少应当将选举数量提高3倍，并在更大规模的企业中开展工会组建活动。

工会组建活动的初期目标应当是把工会会员数量与工会密度恢复到1980年的水平，即2000万会员数量、23%的工会密度。更长期的目标可以确定为将工会密度提高至1956年的31%，这要求工会会员数量至少在现有基础上增加一倍。工会应当将其工作经费的三分之一左右投入组建活动，并最终将此比例提高到50%（目前，大多数工会所投入的经费比例不足5%）。[9]

工会应当探索开展组建活动的所有可能方式。他们应当继续通过国家劳动关系委员会的认证程序开展组建活动，特别是在他们明知雇主将挑战其多数地位，或者试图强迫、恐吓工会支持者的情况下。工会还应当通过威胁在股东会议上进行负面的信息披露，以及组织消费者进行联合抵制活动向雇主施压，使雇主在组建活动期间保持中立并接受以会员卡作为工会获得多数工人支持的证据。如果雇主不同意保持中立、不承认会员卡计数方式，那么工会应当要求举行不公开的简易（expedited）选举。

应当承认，工会组建活动的活力受到工会代表新政模式（the New Deal model of union representation）的极大限制。该模式设立了工会作为谈判单元中雇员谈判代理人的法律认证程序，工会作为谈判代理人的唯一目标就是签订以工资、工作时间以及就业条件为主要内容的有法律约束力的合同。要吸引大量工人加入工会，工会必须向工人提供新的会员形式。那些想要加入工会，但不需要由工会代表其进行集体谈判的工人，可以获得工会提供的非多数代表的替代选择。这些工人可以以个人身份成为工会的准会员，而无须向雇主证明其所在企业的多数工人都支持工会。长期以来，以谈判为目标的传统组建活动一直处于要么全胜要么全败的状态——工会要么获得多数的投票支持并赢得认证选举，要么得不到多数支持而失败。相较于依据这样的规则运作而经常遭遇失败，工会必须为工人创设非多数会员的选择，向工人提供相关福利（如低成本医疗保险的保障、工会信用卡等）及保护（如就工作场所的安全问题等向专业工会官员进行咨询）。如果工会已经充分尝试了组建活动的各种可能性，那么工会一定愿意提供这种新的会员形式，将其作为一种独立的选择，而不仅仅是作为实现最终集体谈判的过渡或者与退休会员保持联系的方式。例如，如果许多技术工人（如计算机和软件设计人员）对工会代表其进行集体谈判心怀疑虑，那么工会就应当为这些员工设计一种准会员身份，以与雇主就培训、加班工资等问题进行讨论。如果收入较低的移民工人在整体上不信任工会，并且担心选择工会作为谈判代理人将会遭到雇主的报复，那么工会就必须组建相关组织，在工作之外与这些工人保持联系，为他们提供法律援助、语言及技能培训，以及工资和工时标准方面的信息。

工会组建活动再也无法通过零敲碎打的方式取得成功，工会必须采取综合战略，证明其确定的组建活动范围与原因具有正当性。工会应当集中精力在已有较好基础的行业开展组建活动，以最大化地增强谈判实力。组建工作者不仅要努力增加工会会员，还应当提高特定行业的工会密度。这些行业应当具有以下特征：

一是该行业的雇主对工会的抵制较弱，因为在该行业雇主的大多数竞争者都是已建工会企业；二是工人更愿意选择工会作为其代表，因为有许多工人这么做。那些无法在其核心管辖范围内积极开展组建活动的工会，不能阻止其他工会这样做。最后，不能因为法律必须先行改革的假设而忽视工会组建工作。即使处于目前的困境，也唯有大规模地增加工会会员，才能形成改革工会组建相关法律所需的政治影响力。

对组建活动的重新重视，必将改革工会的特征。目前，许多工会采取“服务模式”（service model），他们将行政控制集中到高层，由全职的专业人员负责高效地提供代表服务，把集体谈判和集体协议的执行作为工会工作的重中之重，主要的财务和人力资源被用于服务会员而非增加会员。然而，工会复兴的拥护者强调，如果工会想要开展持续的、大规模的组建活动，那么他们就必须采取“组建模式”（organizing model）。工会工作的主要目标是实现发展与保持灵活性，工会邀请会员为组建工作做出贡献。工会控制权不再集中于工会总部，而是分布于开展组建活动的地方和地区层面。工会官员和工会会员必须习惯于牺牲，从而将大多数的工会工作经费投向吸收新会员方面，而不仅仅是用高效的谈判与协议执行来满足已有会员。

## 集体谈判

工会复兴的支持者一直坚持认为，工会在谈判中应当更加坚定自信。他们应当努力夺回谈判议程的控制权，并抵制雇主要求妥协而施加的压力。工会应当针对就业和收入保障问题展开协商（如限制工会会员工作的外包、工厂迁址、培训津贴，以及下岗工人的工资与福利），并保障工人的医疗保障福利不被削减或者变得更加昂贵。

工会不应允许雇主为压缩成本，而利用集体谈判来削减工人的工资与福利。当雇主要求工会针对看似在生产与薪酬决定过程中给予工人更大发言权的委员会问题进行谈判时，工会应当注意，不要给雇主借以绕过集体谈判而直接与工人打交道的渠道，从而弱化工会在工作场所的地位与作用。劳资合作项目，无论是单纯以提高生产效率或者产品质量为目的，还是允许工人参与资方战略决策，都应当是传统集体谈判的补充而非替代。有关工会复兴的方案一般都会强调，工会不可能与那些排斥工会的雇主形成合作关系。

无论何时，工会都应当利用集体谈判来改善其组建活动的前景。如果可以，工会应当与雇主协商相关条款，要求雇主在新的组建活动中保持中立，或者根据会员卡计数结果承认工会（或者以私下进行的选举为依据——这是工会的次优选择）。工会还应当与雇主协商有利于与日俱增的兼职及临时工人的相关条款，以拓展集体谈判的外部限制（如将这些工人的工作转为全日制工作，或者向其提供特殊的可转移接续的养老金安排等）。关于这些问题的成功谈判，可形成对工会组建活动至关重要的示范性集体协议条款。

如果集体谈判要实现复兴，工会必须找到应对全球化的办法。

不受限制的国际竞争形成了一支规模庞大的低成本劳动力大军，削弱了美国由工会谈判确定的劳资协议。它弱化了工会的谈判能力，同时强化了雇主的反对意见。它导致雇主解雇工人，并坚持降低或者取缔工人的工资与福利——这些情况降低了集体谈判对于未入会工人的吸引力。复兴的劳工运动只是将国际竞争作为集体谈判中存在的众多限制因素之一，而非接受其为谈判的控制因素。大家普遍认为，工会应当通过提高转移成本的办法，来限制雇主向国外转移工作岗位，也即要求雇主只有在提供了相当多的离职金和迁址津贴的情况下，才能解雇工人或者降低工人的薪酬。

## 政治活动

有关工会复兴的计划认为，工会政治活动具有重要意义，并要求工会不能浪费其现存的政治力量。工会要实现复兴，必须超越目前将敌人拒之门外的政治策略，哪怕这意味着工会要支持那些未被证明是劳工之友的候选人。工会的支持绝不应是自动给予的，而应当要求候选人以支持工会作为回报。由工会支持的候选人，应当积极反对那些威胁工会会员工作的法律、法规以及贸易协定。

工会可以通过与神职人员、民权与工人权利支持者、学生活动家、消费者权益保护组织以及环保主义者等群体建立联盟的方式增强自己的政治实力。为实现这一目标，工会必须致力于支持那些受到联盟伙伴重视的广泛立法提案（如环境控制与移民权利等）。工会一方面可以为联盟提供有力的支持，在全国范围内动员成千上万的会员，另一方面，也可以从联盟中获取很多回报，获得更大的政治影响力以及在广泛的社会议题上的认同。

劳动法律改革是工会要求解决的一个重要的立法问题。理想中的劳动法律应该规定：将会员卡计数作为工会认证的一种方式；对雇主的不当劳动行为进行严厉的惩罚（包括在雇主的行为威胁到员工对工会代表的自由选择时，允许工会自动获得认证）；在劳资双方无法于工会认证后达成首份集体协议的情况下，对未决事项进行仲裁；限制雇主使用工贼的行为等。另一个重要的立法问题应当是建立广覆盖、低成本、高质量的普遍医疗保险制度。如果法律能够对此作出规定，将会消除集体谈判中最具争议的问题（而且经常引起罢工）。尤其重要的是，工会争取医保改革联盟中的领导地位能够展示工会对所有工薪家庭的关心。工会其他的立法目标还包括大幅提高最低工资标准、保护加班工资、增加工人休假时间、延长工人的产假与亲子假、实行税收优惠以避免雇主向国外转移业务、严格执行对血汗工厂的禁令以及完善工作场所的人体工程学规则等。

工会必须系统阐述那些可以吸引并激励联盟伙伴的广泛的社会目标。他们应当推动公平的社会收入再分配，为工人（无论是否入会）在企业决策过程中争取更大的发言权，并推动对处于经济边缘的移民工、外来务工人员以及兼职工人和临时工等低收入工人群体的保护。

## 工会的职能与结构的变化

许多支持工会复兴的人认为，应当对工会的结构和职能进行根本性变革。首先，要减少工会的数量，扩大工会的规模。因为一般来说，大型工会在经济上更加稳定，而且能够在运作中更好地获得规模效应（例如，有能力聘用专业化的工作人员并提供会员期望的专业化服务）。与此相关的第二个目标是重新规划工会的管辖范围。局限于狭小管辖范围的工会，应当并入那些具有广泛管辖范围的工会。劳联-产联应当鼓励那些管辖范围相似的工会进行合并。然而，必须承认，在每个行业创建一个主要工会，从而使工会管辖问题更加简化、合理的做法，已经为时已晚。但是，在复兴的劳工运动中，理论上应有约 12 个规模非常庞大的工会，覆盖诸如汽车、钢铁以及通信等主要行业；需要 6 个总工会，积极组织各个职业和行业的工人；还需要少数专业化的职业工会，存在于表演艺术、职业运动员以及医疗保健行业。

必须完善工会的内部结构。全国性的上级工会应当要求那些规模小、实力弱，无法有效开展组建活动并执行集体协议的地方工会相互合并，或者并入规模较大的地方工会。全国工会总部必须注意，不能在未经会员同意的情况下，强迫地方工会合并，否则，他们可能会在无意中降低会员的参与度与忠诚度，因为会员发现其所在工会好像对他们漠不关心。

最为重要的是，必须从提高工会合法性的角度，重新审视工会的职能。[10] 合法性是组织的支持者基于其价值观和信念，对该组织的相关行为是否可取、是否合适、是否恰当的认知与假定。组织是否符合重点人群（如组织成员、社会公众以及服务对象等）的期望？对于那些像工会一样产出难以衡量，又无法对运行效率进行简明界定的组织而言，合法性是一个重要的资源。

合法性有三种基本形式。一是实用合法性（Pragmatic legitimacy）。一个组织之所以获得支持，是因为它能提供有价值的东西并获取有价值的回报（这是一种直白的交换关系，在这种关系里，一个组织因其有用性而获得支持）。二是道德合法性（moral legitimacy）。一个组织之所以获得有利评价，不是因为它提供了具体利益，而是因为人们普遍认为它做了“应当做的正确的事”。三是认知合法性（cognitive legitimacy）。在极少的场合下，支持者会因为必要或者不可避免而接受一个组织——组织的存在被认为是理所当然的。

工会具备其支持者（主要是工会会员，但也包括全体工人、社会公众乃至雇主）赋予的实用合法性。对工会来说，这种合法性得之甚易，因为它只需说服其支持者相信它提供了一些有价值的东西（如在工作场所的集体发言权、高工资以及良好的福利，规定了可依法执行的劳动权利的、有法律约束力的集体协议等）。但是，实用合法性构成的组织基础是薄弱和不稳定的。如果支持者不再将工会视为可以提供有价值产品的组织，或者支持者所看重的东西随着时间的推移而发生了变化，那么工会就有可能失去其合法性。如果工会能够以某种方式获得道德合法性——一种不受持续评估限制且不易被消除的合法性形式——或者具有认知合法性，其存在总是被视为理所当然，工人会毫无疑问地加入工会，雇主也会毫无疑问地与工会打交道，那么工会的地位将会稳固得多。工会面临的困境是，劳动法将工会的角色限定在了谈判代理人的地位上，而少有其他可能性，这导致人们总是根据工会在集体谈判和合同执行中的表现来对工会做出评判。如果工会表现良好，那么工会就可以获得或保持实用合法性；如果工会表现不好，那么工会就很容易失去其合法性。

工会复兴的支持者认为，工会只有立即维护并扩展其合法性，才能实现复兴。为了做到这一点，工会必须表明集体谈判仍然是代表工人利益的有效方式，工人也应当加入或者留在工会，因为他们仍然可以从工会这里获得有价值的回报，从而维护好工会的实用合法性。同时，工会还必须获得道德合法性，以更好地巩固其地位。工会可以通过表明其工作已经超越了会员利益的限制并具有社会价值来获得道德合法性。如果工会具有了道德合法性，那么加入和参与工会将成为基本的人权，而不再仅仅是通过修改劳动法就可扩展或变动的工人权利。要实现这个目标，工会应当把自己描述成20世纪60年代民权运动中的道德性组织，并将工会的组建工作比作民权时代的选民登记运动。

简言之，如果工会要实现复兴，必须进行深入持久的综合变革；工会必须改善其作为谈判代理人的表现，以保持其实用合法性，同时他们也必须吸收会员并提供服务，将工会工作重塑为具备道德合法性的社会运动。唯有如此，工会才能吸引那些没有入会的传统的工人——如流动性大的工人或者自雇工人，以及在工会基础薄弱的美国南部或者乡村地区工作的工人。也唯有如此，工会才能在谈判表现不佳时，避免丧失其合法性。

## 结　论

最近，已经有了大量关于工会复兴的方案，这些方案都涉及工会组建、集体谈判以及政治活动方面的广泛建议，本章对这些建议做了简要的概括。虽然这些方案数量众多，涉及的范围也十分广泛，但却未能考虑到两个关键因素。一是部分或很多雇主认为工会威胁企业的竞争力，从而极力抵制工会，而工会复兴必须在这样的环境中进行。我们可以预料，这些雇主将会全面抵制工会复兴。例如，为避免工会化而向国外转移（或者以此为威胁），在谈判中迫使工会在工资与福利方面作出让步，以及向那些反对有利于工会法案的候选人提供竞选支持等。二是工会复兴要求在工会运动内部进行一些重大变革，但大多数工会并不喜欢变化。例如，至少在过去 10 年间，虽然劳联–产联的领导层屡次敦促，大多数工会依然没有将其主要经费预算投入工会组建活动中。同样，在 20 世纪 80 年代，当工会组织就非多数会员与准会员问题进行讨论时，这些会员身份常常遭到嘲笑（一些评论者称之为“玩偶会员”）。即使后来工会接受了这些会员，也会将其保留给退休会员，或者作为向最终的集体谈判的过渡而不承认其为独立的会员类型。[11]

关于工会复兴方案的回顾，使我们可以形象地了解处于严重衰退之中、正在寻找办法解决历史性低谷问题的劳工运动。工会愿意为这些付出多大努力？雇主可以在多大程度上容忍工会的努力？所有这些有关工会复兴的讨论是否都已经为时已晚？这些问题都有待观察。

## 参考文献

1. AFL-CIO. (1985). *The changing situation of workers and their unions*. Washington, DC: AFL-CIO, p. 19.

2. Chaison, G., and Bigelow, B. (2002). *Unions and legitimacy*. Ithaca, NY: Cornell University Press, pp. 48-57.

3. Communications Workers of America. (1983). *Committee on the Future report*. Washington, DC: Communications Workers of America; United Steelworkers of America. (1984). *Report of the Convention Committee of the Future Directions of Unions*. Pittsburgh, PA: United Steelworkers of America.

4. Service Employees International Union. (2003). *United we win: A discussion of the crisis facing workers and the labor movement*. Washington, DC: Service Employees International Union.

5. Service Employees International Union. (2004). Unite to win: A 21st century plan to build strength for working people. www. unitetowin. org; Greenhouse, S. (2004, November 10). Largest union issues call for major changes. *New York Times*, p. A16; Greenhouse, S. (2004, November 18). Unions resume debate over merging and power. *New York Times*, p. A24.

6. International Brotherhood of Teamsters. (2004). Which way for the AFL-CIO? The Teamster view. www. teamster. org/Hoffa/TeamsterViewReport_ 3. pdf; Greenhouse, S. (2004, December 9). Teamsters offer plan to reshape labor future. *New York Times*, p. A19.

7. 关于工会复兴的方案要么倾向于提出总体的改革药方（如新的工会优先事项或者新的代表工人的方式）或者集中于可以引向复兴的具体

活动（如工会合并、劳动法律改革或者在工会组建过程中增强工人的参与）。本章中关于工会复兴的讨论是以以下总体方案为基础的：AFL-CIO (1985); Century Foundation Task Force on the Future of Unions. (1999). *What's next for organized labor?* New York: Century Foundation Press; Harper, M. C. (2001). A framework for the rejuvenation of the American labor movement. *Indiana Law Journal*, 76, pp. 103-133; Heckscher, C. C. (1988). *The new unionism: Employee involvement in the changing corporation.* New York: Basic Books; Hurd, R. W. (1995). *Contesting the dinosaur image: The labor movement's search for a future.* Ithaca, NY: Cornell University, New York State School of Industrial and Labor Relations, unpublished; Kochan, T. A. (2003). *Restoring worker voice: A critical national priority.* Cambridge, MA: Massachusetts Institute of Technology, unpublished paper; Mantsios, G. (1998). *A new labor movement for the new century.* New York: Monthly Review Press; Rogers, J. (1995). A strategy for labor. Industrial Relations, 34, pp. 367-381; Nissen, B. (1999). Which direction for organized labor? *Essays on organizing, outreach, and internal transformations.* Detroit, MI: Wayne State University Press; Rose, J. B., and Chaison, G. N. (2001). Unionism in Canada and the United States in the 21st century. *Relations industrielles/Industrial Relations*, 56, pp. 34-62; Shostak, A. B. (1991). *Robust unionism: Innovations in the labor movement.* Ithaca, NY: Cornell University Press; Strauss, G. (1995). Is the New Deal system collapsing? With what might it be replaced? *Industrial Relations*, 34, pp. 329-349; Tillman, R. M., and Cummings, M. S. (1999). *The transformation of U. S. unions: Visions, voices and strategies from the grass roots.* Boulder, CO: Lynne Rienner; Turner, L., Katz, H. C., and Hurd, R. W. (2001). *Rekindling the movement: Labor's quest for relevance in the 21st centu-*

*ry*. Ithaca，NY：Cornell University Press；Wheeler，H. N.（2002）. *The future of the American labor movement*. New York：Cambridge University Press；Wunnava，O.（2004）. *The changing role of unions：New forms of representation*. Armonk，NY：M. E. Sharpe。关于工会复兴具体因素的研究包括 Bronfenbrenner，K.，Friedman，S.，Hurd，R. W.，Oswald，R. A.，and Seeber，R. L.（1997）. *Organizing to win：New research on union strategies*. Ithaca，NY：Cornell University Press；Bronfenbrenner，K.，and Hickey，R.（2003）. *Blueprint for change*. Ithaca，NY：Cornell University，School of Industrial and Labor Relations；Chaison，G. N.（1986）. *Whenunions merge*. Lexington，MA：Lexington Books；Chaison，G. N.（1996）. *Union mergers in hard times：The view from five countries*. Ithaca，NY：Cornell University Press；Chaison，G. N.（1995）. *Reforming and rationalizing union structure：New directions and unanswered questions*. Paper presented at the Second International Conference on Emerging Union Structures，Stockholm，Sweden，unpublished；Chaison，G.（2002）. Information technology：The threat to unions. *Journal of Labor Research*，23，pp. 249-259；Chaison and Bigelow（2002）. Freeman，R. B.，and Rogers，J.（2002）. Open source unionism：Beyond exclusive collective bargaining. *WorkingUSA*，5，pp. 8-40；Freeman，R. B.，and Rogers，J.（1999）. *What workers want*. Ithaca，NY：Cornell University Press；Gordon，M. E.，and Turner，L.（2000）. *Transnational cooperation among labor unions*. Ithaca，NY：Cornell University Press；Gross，J. A.（2002）. Applying human rights standards to employment rights in the USA：The Human Rights Watch Report 2000. *Industrial Relations*，33，pp. 182-196；Masters，M. F.（1997）. *Unions at the crossroads：Strategic membership，financial and political perspectives*. Westport，CT：Quorum Books；Rose，J. B.，and Chaison，G. N.（1995，May）. Canadian labor policy as a model for legislative reform in the United States. *Labor*

*Law Journal*, pp. 259－272; Milkman, R. (2000). *Organizing immigrants: The challenge for unions in contemporary California*. Ithaca, NY: Cornell University Press; Shostak, A. B. (2001). Tomorrow's cyberunions: A new path to revival and growth. *WorkingUSA*, 5, pp. 82–105; Milkman, R., and Voss, K. (2004). *Rebuilding labor: Organizing and organizers in the new union movement*. Ithaca, NY: Cornell University Press。

8. 关于工会会员数量下降的评论，参见 Lipset, S. M., and Meltz, N. M. (2004). *The paradox of American unionism: Why Americans like unions much more than Canadians*. Ithaca, NY: Cornell University Press。

9. Cohn, J. (1997, October 6). Hard labor. *The New Republic*, pp. 21–26.

10. 将合法性概念应用于工会的做法来自 Chaison and Bigelow (2002) and Chaison, G. N., Bigelow, B., and Ottensmeyer, E. (1993). Unions andlegitimacy: A conceptual refinement. *Research in the Sociology of Organizations*, 12, pp. 139–166。

11. Chaison and Bigelow (2002).

丨第七章丨

# 结论：未来的工会

在前面几章，我们回顾了美国工会的历史性演变，并提出工会是如何发展与衰落，以及为什么发展与衰落的问题。我们考察了工会结构与治理的复杂性和矛盾之处，以及工会在谈判及政治中不断变化的影响力，还有工会复兴的关键。在此，似乎很难推测未来工会的模样，因为工会是如此多样化，每个工会组织都有其独特的历史与传统、治理与管理体系、组织与谈判实践以及参与政治的方式方法。

虽然确实没有典型的工会，但所有的工会都肩负着同一个职责——代表雇员与雇主打交道，以及协商并执行确定工资、工作时间以及就业条件等有法律约束力的协议。简言之，工会存在的目的就是在那些与工作相关的问题上担任工人的代言人，但是工会也共同面临着同一个困境——它们处于严重的危机之中。这一结论引发了我们在上一章关于工会复兴的讨论。这也是关于工会组建、集体谈判与政治活动等工会基本活动的各章结束时所得出的结论。我们很少发现有哪个工会是蒸蒸日上的，却很容易看到许多工会正处于衰退之中。我们很少读到工会在谈判中取得巨大成就，或者工会在政治竞争中发挥决定性作用的消息，却经常看到让人沮丧的结果：失败的罢工、工会的退让和自我怀疑，以及它们对于与我们经济社会关联性的求索。[1]

工会正处于其历史的关键时刻，其领导人选择的道路将决定未来工会的状况。工会的未来可能是衰退（retreat）、复苏（revire）与革新（renew）三种情节之一。[2]

## 衰　退

在第一个有关衰退的设想中，工会出现了持续而严重的衰退。工会领导人决定只是保持现状——不做任何额外的工作——他们没有意识到，什么都不做就意味着失去原有的阵地。工会变成了“孤岛”（ghettoized）[3] 或者变得日益孤立，工会仅仅在少数过去就较为强大的行业或职业中，继续代表工人，而在其他地方则极少见到工会的踪影。工会会员集中于那些正在萎缩的行业与企业。例如，工会只在传统电话服务业、三大汽车制造商以及几个传统航空公司（如美国联合航空公司和美国航空）开展集体谈判，而忽略了无线服务企业、外来汽车企业（外国企业在美国设立的工厂）以及新的快速发展的廉价航空公司（如美国捷蓝航空公司）。工会在少数专业化的职业，如警察、消防员、音乐家以及演员行业仍然比较重要，但在医疗保障、金融、服务及零售等行业中则没有什么会员。

工会组建活动几乎停顿。工会仅对那些需要代表的工人偶尔发出的需求作出回应，却没有组建工会的全面战略，也不会尝试利用集体谈判来加强组建工作，或者利用组建活动来强化集体谈判。每年举行的工会认证选举不足 1000 场，其中工会可以赢得半数选举并增加 2 万名新会员。但与此同时，就业萎缩、临时解雇与关闭工厂将使私营部门每年减少近 100 万工会会员的工作岗位。政府工作的私有化和外包使公共部门减少了大约 25 万个工作岗位。工会密度急剧下降，在 10 年内降至 5%，并稳定在此水平。

工会的谈判能力消耗殆尽。工会在谈判中处于守势，只是试图在雇主的猛烈攻击下保护工资、福利以及工作规则。集体谈判变成了广为人知的由雇主提出要求、工会予以回应的过程，而非相反。雇主发现了工会在谈判中的固有弱点，先是要求削减退休工人的养老金和医保福利，继而要求削减在职工人的相关福利。随着雇主将与工会之间的谈判视为降低经营成本，并给债权人和股东留下好印象的一种方式，双重工资体系、工资与福利冻结以及用奖金代替工资增长成了集体谈判的一般特征。雇主明确表示，他们将在工会举行罢工时雇用替代工人，而如果罢工持续时间足够长，他们将会考虑向国外转移业务。除了罢工，工会没有多少选择，只能同意接受雇主提出的大多数关于妥协的要求。未入会的工人得出结论：工会已经在其与雇主打交道的过程中变得孱弱。因为看到加入工会收获很少，损失却很大，因此极少有工人愿意加入工会。

工会还退出了政治活动，不向候选人提供资金与会员支持。联邦政府与工会的关系在漠不关心与怀有敌意之间摇摆，各州乃至主要的工业州的立法机关不再害怕工会的力量。虽然还没有通过任何公然反对工会的法律，但工会在国会与政府机构中已经是友少敌多。国家劳动关系委员会决定限制兼职工人与专业人士加入工会的权利，并给予雇主在工会组建期间更广泛的行动自由（如威胁解雇工会支持者，向工人承诺如果拒绝工会将给予好处）。

国家劳动关系委员会的预算急剧减少，导致委员会长期推迟关于雇主不当行为投诉的调查以及工会认证选举的举办。由于没有了过去常见的由工会领导的反对活动，美国总统得以与拉丁美洲和亚洲国家协商贸易协定，并由国会进行批准，而这将大量减少美国国内的制造业工作岗位，其中许多是老旧的、生产率低的已建工会工厂的工作岗位。

在工会开始衰退的短短几年内，我们将很难在“五一”国际劳动节的报纸上看到有关工会的报道。相反，报纸会高度赞扬日益壮大的、由资方建立并控制的员工代表委员会制度的优点。该委员会的职能限定于非工资事务的咨询，并被用以替代工会主义。

劳工运动中的一些乐观人士耐心地等待工会的复苏。他们遵循 1982 年针对显现中的工会困境问题召开的会议参与者相同的推理方法，并认为一定存在关于工会衰退的天然限制，“一旦工会衰退到缺乏影响的地步，不满的意见将会抬头……如今由工会处理的社会与人事问题将无法得到解决，工会会员数量与工会活动将最终恢复”。[4] 但也有许多人认为，雇主在抵制工会、推动非工会替代品方面经验老到。工会复苏并非必然之事，甚至已经不再可能。工会持续衰退，失去了其与经济社会的关联，并在许多工人眼中成为历史的遗迹——在不断变化的产业图景中，就像步履蹒跚、面貌苍老并与环境格格不入的恐龙。[5]

## 复　苏

在这一设想中，工会官员充分认识到工会危机的严重性，并选择为工会主义奋力一搏。他们打算充分利用工会组建、集体谈判与政治活动之间的联系。在由劳联-产联新的领导层召开的专门会议上，几乎所有工会的官员都保证会将工会预算的三分之一用于开展组建活动，另用三分之一开展政治活动。他们在会员中间开展活动，说服会员必须将这些工作确定为工作重点。以每年增加 100 万会员为目标，工会官员、职员以及营销顾问向工人发出呼吁，强调集体谈判如何为工人提供工作方面的尊严，保护工人免于资方的独断专行，并给予工人集体发言权。他们同意扩展组建战略，根据新战略协调工会相关活动，并集中精力于工会已有较好基础的社区与行业。

工会召集会员支持政治候选人和有利于工人的立法。工会在政治“地面战”中投入了更多的资金，拟定了细致的工作计划，从而重新获得了领导地位。工会动员了百万会员开展选民登记和拉票活动。他们认为这是工会平衡企业和相关宣传组织向政治领域投入大量资金的唯一办法。在下一次选举中，民主党取得了对联邦政府和国会的掌控，并迅速对工会的关键支持作出回报。工会的心愿单在国会获得了全部通过。其中包括以会员卡计数为依据的认证程序，对雇主在工会组建期间的不当行为予以更加严厉的处罚，禁止雇主使用工贼，以及对雇主不向国外转移业务的税收激励以及对雇主向国外转移业务的税收处罚。根据国家劳动关系委员会作出的一系列决定，大量的专业人士和兼职工人获得了受保护的组建或者加入工会的权利。同时，劳动法修正案将这些权利扩展到了企业主管及农业工人。

工会组建范围大为扩张，以及获得集体谈判资格承认的难度相对下降，使工会倍受鼓舞，工会因此加强了组建工作力度。每年有100多万名新会员加入工会。工会密度在10年内达到了25%，并持续上涨。

随着工会会员数量的增加和工会密度的提高，雇主对工会谈判要求的抵制减少了，因为雇主发现支付工会所要求的工资，并不会对其竞争力带来严重的不利影响。同时，雇主对罢工也心怀恐惧（雇主已被禁止雇用工贼）。在这些有利条件下，工会就重大的工资增长开展谈判，而不仅仅是补偿过去谈判中作出的让步。工会在谈判中的胜利提高了工会的声誉，使其对未入会的工人更加具有吸引力，从而形成了更多的组建成果。通过作出牺牲、投入精力以及专心致志，工会成功在其危机中复苏了。在10年内，工会变成了强有力的谈判代理人、重要的政治参与者以及活跃成功的组建工作者。

## 革　新

工会官员认识到扭转工会衰退趋势的巨大难度，与工会工作人员、工会会员以及专家和社区活动家一起，对有关工会革新的各种选择进行审视与评估。他们宣布，所有的事情都可以放到桌面上谈一谈。他们严肃考虑各种选择，绝不因为某个选择看起来过于激进、不切实际或者违背工会的传统，而将其排除在外。工会对于工人和社会，能够和应当具有哪些意义？经过对这一问题长期而艰难的深入反思，他们决定将组建工作作为工会工作的重中之重，任何事情，只要有利于增加会员数量，都必须试一试，哪怕这种做法明显有悖于工会的传统。他们认同这样的假设：只有灵活性与大胆实验可以带来工会的发展。

部分工会对目前国家劳动关系委员会的认证选举程序十分满意，并以此作为发展的主要驱动力。其他工会则努力迫使雇主同意将会员卡计数作为工会赢得多数工人支持的证据。还有一些工会依靠私下举行的快速选举。所有的工会都有新的会员身份。如果工会在工作场所获得多数支持，就向工人提供集体谈判会员身份。如果他们未能获得多数支持，则向工人提供非多数会员或者准会员身份。工会有时将所提供的新的会员身份作为向最终的谈判会员的过渡，即在工会获得谈判地位前，作为与支持者保持联系的手段。然而，工会也愿意为那些想要获得工会福利与保护，或者只想与工会保持联系，但不想参与集体谈判的工人，提供准会员身份作为独立的选择。针对移民、失业人员、个体经营的专业人士以及对劳动者权益感兴趣的学生、牧师等群体，工会创造出一些特殊形式的非多数会员形式。(例如，向移民提供具有语言与技能培训的社区中心体系等重要福利，向失业人员提供有关失业福利与就业等问题的工会专家咨询，向自雇专业人士提供医保福利与养老金，让对劳动者权益感兴趣的学生、牧师等人员加入最低生活工资宣传机构和反对血汗工厂的相关团体等）工会还向那些想要与工会网站保持联系、偶尔获取建议与信息的人士提供可供选择的会员身份。

随着工会会员基础的扩大，以及工会角色的重新界定，工会使自己转变成为民权运动的继承者——工会成了有工作的低收入者的代言人，以及为所有工薪家庭的社会经济正义而战的战士。同时，工会依然积极参与集体谈判，加强针对工人失业问题的保护，改善工人的医保福利与养老金计划。

工会在政治活动中充满活力且富有创造性。在地方层面，工会与那些在工会组建与罢工活动中帮助过工会的社区联盟合作，集中精力开展选民登记与集会工作。在城市，工会重新获得了政治实力，并利用这些能力推进在市政工人中开展的工会组建活动，工会心知肚明他们能够获得进行会员卡计数认证的机会并取得成功。在全国层面，工会明确表明，没有政党可以将工会的支持视为理所当然，工会支持候选人的唯一标准就是候选人的立法记录以及其对重要劳动问题的支持，而不是候选人所隶属的政党。工会要求立法者支持与工会（劳动法律改革）以及工人整体利益（最低工资、医保改革和移民保护）相关的议题，工会迅速成为新的反歧视立法以及保护工人免于错误解雇的联邦法规的推动力量。

工会会员的数量以每年200万的速度增长，其中至少一半是作为准会员或者非多数会员加入工会的，而且未被集体协议覆盖。10年内，工会密度达到近40%，工会确定50/50的工作目标，即每个工会应当将其50%的预算专门用于开展工会组建活动，以使工会密度达到50%（包括所有形式的会员）。如今，工会有多种面孔，是强有力的谈判代理人，是未被集体谈判覆盖的工人的重要代表者，是工薪家庭在政治领域的代言人，还是将工人与其同盟团结在一起的富有影响力的社会运动组织者。

## 结　论

以上三个设想看起来可能有些极端，但眼下正是工会面临极端选择的时刻。如果我们无法回答以下这些难题，我们就无法描绘未来工会的模样。在这些设想中，哪个设想最有可能？哪个设想甚至连最基本的可能性都没有？工会是继续衰退（如第一个设想所暗示的），还是可以将原来做过的事做得更好而避免衰退（复苏），抑或抓住机会开展众多新的、不同的工作（革新）？工会的领导人是否愿意为了后两个设想的发展而冒必要的险，还是贪图安逸只是保持原状，而没有意识到这么做实际上也是一种选择，而且是错误的选择？如今是美国工会的困难时刻，尽管对工会调整前进方向这一问题进行了这么多的讨论，但我们仍不清楚对于美国工会究竟路在何方，甚至不清楚工会如今采取行动是否都已经为时已晚。

## 参考文献

1. 关于强大的正在增长中的工会的罕见例子，参见 Greenhouse, S. (June 3, 2004). Local 226, "The Culinary," makes Las Vegas the land of the living wage. *New York Times*, p. A22。该工会由旅馆员工组成，与其打交道的雇主无法把业务迁移到其他地方，无疑想要劳工和平而非冲突，而且还对消费者联合抵制活动及公共舆论极端敏感。工会引人注目地通过会员卡计数而非认证选举的方式获得了谈判地位。

2. 关于运用剧本形式说明劳工运动可能的未来的例子，参见 Freeman,

R. B. (1989). What does the future hold for U. S. unionism? *Relations industrielles/Industrial Relations*, 44, pp. 25-46。

3. This term is used by Freeman. (1989); Freeman, R. B., and Rogers, J. (2004). Open source unionism: Beyond exclusive collective bargaining. *WorkingUSA*, 5, pp. 8-40.

4. The future of industrial relations: A conference report. (1983). *Industrial Relations*, 22, p. 128.

5. Chaison, G. N., and Rose, J. B. (1991). The macrodeterminants of union growth and decline. In G. Strauss, D. G. Gallagher, and J. Fiorito (Eds.), *The state of the unions*. Madison, WI: Industrial Relations Research Association, pp. 3-45。或者根据弗里曼（Freeman）（2004, p. 19）的观点，工会主义的研究将“从劳动与产业关系专家的领地转移到古生物学家手里”。Freeman, R. B. (2004). The road to union renaissance in the United States. In R. V. Wunnava (Ed.), *The changing role of unions: New forms of representation*. Armonk, NY: M. E. Sharpe, p. 19。

# 致　谢

在本书中，我尝试以简洁、中立、与时俱进并具有可读性的方式描述美国工会的面貌。因为本书是以我在过去30年写过的文章和著作为基础的，所以很难逐一感谢所有曾经为我提供过帮助的人。我对工会的了解和思考是在与我的同事、研究合作者、学生，编辑，评论员，新闻记者，我的研究助手，劳动关系实践者，工会会员、员工和官员的讨论中形成的。然而，有一些人对本书的帮助，需要特别提及。

感谢世哲出版集团的编辑艾尔·布鲁克纳（Al Bruckner），他总是十分亲切，让人备受鼓舞。感谢世哲出版集团的助理编辑玛丽·安韦尔（MaryAnn Vail）、责任编辑黛安·福斯特（Diane Foster）以及文字编辑凯特·彼得森（Kate Peterson），他们以过硬的职业技能对我的手稿进行了处理。他们是杰出的专业人士，我享受与他们一起工作的过程。世哲出版集团挑选了6位匿名审稿人对我的稿件进行了评阅，在此对他们提出的建议表示感谢。希望他们能够认可我所做的修改。我的研究助手茱莉亚·阿巴克娃（Julia Abakaeva）是一个既聪明又坚韧的人，同时又是一个见解独到、充满幽默感的女人。感谢你（spasiba balshoye，俄语）。

最后，感谢我的妻子乔安妮（Joanne），感谢她的耐心与理解（正如我此前无数次说过，但永远也说不够的那样），我要感谢她的太多太多。

# 附　录

## 精选书目与劳资关系相关网站

### 书目

本部分是劳资关系方面的精选书目，包括经典的专业著作以及经过编辑的研究文集。

Jeremy Brecher. *Strike*! (Revised and updated edition). Cambridge, MA: South End Press, 1997.

该书为工会运动史方面的研究，聚焦于罢工问题。

Kate Bronfenbrenner, Sheldon Friedman, Richard W. Hurd, Rudolph A. Oswald, and Ronald L. Seeber (Editors). *Organizing to win: New research on union strategies*. Ithaca, NY: Cornell University Press, 1998.

本书为有关工会组建工作的重要研究文集，其主题包括以社区为基础的组建活动以及个体支持工会的决定性因素等多个方面。

Gary Chaison. *Union mergers in hard times: The view from five countries*. Ithaca, NY: Cornell University Press, 1996.

本书是关于工会衰落时期工会合并问题的相关评论文章，包括美国、加拿大、英国、澳大利亚、新西兰等国工会合并、吸收的原因与结果的相关评论。

Gary Chaison and Barbara Bigelow. *Unions and legitimacy*. Ithaca, NY：Cornell University Press, 2002.

本书就工会获得、维护以及修复其合法性问题进行分析，包括工会复兴的决定性资源与关键因素。

Bruce Feldacker. *Labor guide to labor law*（4th edition）. Upper Saddle River, NJ：Prentice Hall, 2000.

这是一份全面的、通俗易懂的劳动法指南，包括工会组建工作、劳资谈判以及工会会员的权利的内容。

Richard B. Freeman and James Medoff. *What do unions do*? New York：Basic Books, 1984.

这是一项关于工会在经济、社会及公司中角色的经典研究（2004年夏第25期 *Journal of Labor Research* 第339—456页可以找到关于作者研究结论的重新评价）。

Richard B. Freeman and Joel Rogers. *What workers want*. Ithaca, NY：Cornell University Press, 1999.

这是就工人对工会组织、管理控制、政府监管看法开展的一项争议性调查的相关结果，包括工人对工作场所工人代表制和冲突解决最佳方式的认识。

Courtney Gifford. *Directory of U. S. labor organizations*. Washington, DC：Bureau of National Affairs, 2004.

这是全国性工会和劳工联盟情况的年度汇编，其内容包括工会官员、工会地址、工会会员以及工会结构等。

Michael E. Gordon and Lowell Turner. *Transnational cooperation among labor unions*. Ithaca, NY：Cornell University Press, 2001.

这是工会间国际合作方面论文、研究文章以及案例研究的汇编，包括工会开展组建工作和劳资谈判以应对跨国公司挑战的相关方式方法。

William B. Gould IV. *A primer on American labor law* (4th edition). Cambridge, MA：MIT Press, 2004.

这是面向普通受众的劳动法方面的经典评论，其作者是一位杰出的法学学者，同时也是国家劳动关系委员会的前主席。

Charles C. Heckscher. *The new unionism：Employee involvement in the changing corporation*. New York：Basic Books, 1988.

本书围绕以不同于传统集体谈判的方式来帮助和保护工人的工会主义扩展形式进行了经典的讨论。

Barry Hirsch and David Macpherson. *Union membership and earnings data book*. Washington, DC: Bureau of National Affairs, 2000.

这是工会相关数据的汇编，其数据来源于人口统计局的调查，包含了最精确的工会会员数据。

Sanford M. Jacoby. *Modern manors: Welfare capitalism since the New Deal*. Princeton, NJ: Princeton University Press, 1997.

这是关于20世纪福利资本主义历史的研究，勾勒了反工会雇主为保护其雇员经济安全而创造的相关计划的演变过程。

Tom Juravich and Kate Bronfenbrenner. *Ravenswood: The Steelworkers victory and the revival of American labor*. Ithaca, NY: Cornell University Press, 1999.

本书就美国钢铁工人联合会与西维吉尼亚 Ravenswood 铝业公司之间1990年发生的争议进行了近距离考察，涉及雇主闭厂原因、工会斗争策略及最终胜利的相关细节，以及劳工运动复兴的影响。

Bruce E. Kaufman. *The origin and evolution of the field of industrial relations in the United States*. Ithaca, NY: Cornell University Press, 1993.

这是一项具有里程碑意义的关于产业关系作为学科和职业的发展历程的研究。

Thomas A. Kochan, Harry C. Katz, and Robert B. McKersie. *The transformation of American industrial relations*. New York: Basic Books, 1986.

这是一项关于产业关系体系的开创性分析，整合了策略与政策制定、集体谈判和工作场所三个基本层面的进程。

Nelson Lichtenstein. *State of the union: A century of American labor*. Princeton, NJ: Princeton University Press, 2002.

这是一部20世纪劳工运动的发展史，其中关于20世纪30年代工会主义和20世纪50年代雇佣关系复兴的部分特别具有说服力。

Seymour Martin Lipset and Noah M. Meltz. *The paradox of American unionism*. Ithaca, NY: Cornell University Press, 2004.

本书就美国工会与加拿大工会开展了比较与对比研究，意图解释美加两国在工会密度方面的差异。

Marick F. Masters. *Unions at the crossroads: Strategic membership, financial, and political perspectives*. Westport, CT: Quorum Books, 1997.

本书就工会财务情况进行全面评论，其中关于工会财务绩效、资源分配和工会发展成本的部分非常有启发意义。

Ruth Milkman. *Farewell to the factory*：*Auto workers in the late twentieth century*. Berkeley：University of California Press，1997.

本书对一家已建工会汽车厂的倒闭问题展开了深入细致的研究，讨论了汽车制造业的性质、工会在工作场所扮演的角色以及资方对经济困难时期的反应。

Ruth Milkman and Kim Voss（Editors）. *Rebuilding labor*：*Organizing and organizers in the new union movement*. Ithaca，NY：Cornell University Press，2004.

这是一部工会组建方面文章、评论和案例研究的文集，其作者大部分是社会学家和工会活动家。

R. Emmett Murray. *The lexicon of labor*. New York：New Press，1998.

这是一部关于劳动条件和工会领导人小传方面的概要作品集。

Bruce Nissen. *Which direction for organized labor*？Detroit，MI：Wayne State University，1999.

这是一部关于工会复兴路径的论文集，包括更有力的组建工作、联合活动，以及工会内部改革。

George Strauss，Daniel G. Gallagher，and Jack Fiorito（Editors）. *The state of the unions*. Madison，WI：Industrial Relations Research Association, 1991.

本书就工会状况进行了具有里程碑意义的讨论，其中关于工会发展与工会治理问题的讨论非常重要。

Lowell Turner, Harry C. Katz, and Richard W. Hurd. *Rekindling the movement: Labor's quest for relevance in the 21st century*, 1991.

这是一部有关劳工运动复兴问题的文集，包括了创新性的工会组建工作、新的工会优先事项、工会政治活动以及工会结构变革等方面的研究。

Bruce Western. *Between class and market: Postwar unionization in the capitalist democracies*. Princeton, NJ: Princeton University Press, 1997.

本书对二战后美国等部分国家工会发展与高工会密度的经济与政治原因进行了研究。

Hoyt N. Wheeler. *The future of the American labor movement*. New York: Cambridge University Press, 2002.

本书就工会复兴问题提出建议，其建议在一定程度上是以回归早期工会优先事项和工人代表制形式为基础的。

## 相关网站

这是部分载有产业关系相关信息的网站名单。除此之外，几乎所有的工会和报纸都有自己的网站，在上面可以搜索到与产业关系主题相关的信息，其中《纽约时报》和《华尔街日报》可能会收取订阅费。

### 工会网站

www. alpa. org　美国民航飞行员协会网站

www. aflcio. org　美国劳工联合会-产业工会联合会（AFL-CIO）网站

www. afscme. org　美国州、县、市雇员联合会网站

www. aftra. org　美国电视与广播电台艺术家联合会网站

www. afm. org　美国音乐家联合会网站

www. aft. org　美国教师联盟网站

www. nbpa. org　美国篮球运动员协会网站

www. cwa-union. org　美国通信工人协会网站

www. iamaw. org　国际机械师协会网站

www. ibew. org　国际电力工人兄弟会网站

www. teamster. org　国际卡车司机兄弟会网站

www. ilwu. org　国际码头和仓储工会网站

www. iuop. org　国际操作工程师联合会网站

www. iww. org　世界产业工人联盟网站

www. liuna. org　北美劳工国际工会网站

www. nea. org　国家教师工会网站

www. npmhu. org　全美邮递员联盟网站

www. sag. org　美国演员工会网站

www. seiu. org　服务业雇员国际联盟网站

www. ufcw. org　美国食品与商业工人联合会网站

www. uswa. org　美国钢铁工人联合会网站

www. unitehere. org　UNITE-HERE 工会网站（该工会由美国服装与纺织工会和旅馆与餐厅雇员国际工会合并而成）

工会与劳资关系信息来源网站

www. adr. org　美国仲裁协会

www. bls. org　美国劳工部劳工统计局

www. bna. com　美国国家事务局

www. ilr. cornell. edu/library　美国康奈尔大学劳资关系学院卡瑟伍德图书馆

www. opensecrets. org　美国响应政治研究中心

www. epinet. org　美国经济政策研究所

www. ebri. org　美国雇员福利研究所

www. fmcs. gov　美国联邦仲裁与调解局

www. nlrb. gov　美国全国劳资关系委员会

www. reuther. wayne. edu　美国韦恩州立大学 Reuther 图书馆

www. lib. berkeley. edu/IIRL　加利福尼亚大学劳资关系研究所图书馆

www. dol. gov　美国劳工部

www. unionstats. com　　美国工会会员与覆盖率数据库

**工会与工人游说组织网站**

www. acorn. org　　美国当前社区变革协会（Acorn 协会）

www. uniondemocracy. com　　美国工会民主协会

www. labornet. org　　劳工新闻网

www. labornotes. org　　劳工笔记：让运动回归劳工运动

www. livingwagecampaign. org　　最低生活工资资源中心

www. tdu. org　　卡车司机为民主联盟

**专业协会网站**

www. acrnet. org　　冲突解决协会

www. uwe. ac. uk/bbs/buira　　英国大学劳资关系协会

www. cira-acri. ca　　加拿大劳资关系协会

www. ilo. org/public/english/iira　　国际劳资关系协会

www. lera. uiuc. edu　　劳动和就业关系协会（前劳资关系研究协会）